Aurelio Agostino d'Ippona (latino: Aurelius Augustinus Hipponensis; Tagaste, 13 novembre 354 – Ippona, 28 agosto 430) è stato un filosofo,vescovo e teologo latino.

Padre, dottore e santo della Chiesa cattolica, dove è conosciuto semplicemente come sant'Agostino, è detto anche Doctor Gratiae ("Dottore della Grazia"). Secondo Antonio Livi, filosofo, editore e saggista italiano di orientamento cattolico, è stato «il massimo pensatore cristiano del primo millennio e certamente anche uno dei più grandi geni dell'umanità in assoluto».

Fra il 426 e il 427 Agostino compose le **Ritrattazioni**, in cui giudicò retrospettivamente tutte le proprie opere, correggendone gli errori.

RITRATTAZZIONI

Agostino d'Ippona

LIBRO PUBBLICATO DA
LIMOVIA.NET

TWITTER:
@EBOOKLIMOVIA

ISBN: 978-1-78336-232-5

Sorgeranno molti falsi profeti e inganneranno molti; per il dilagare dell'iniquità, l'amore di molti si raffredderà.Ma chi persevererà sino alla fine, sarà salvato. Frattanto questo vangelo del regno sarà annunziato in tutto il mondo, perché ne sia resa testimonianza a tutte le genti; e allora verrà la fine.

Matteo 24: 11-14

Prologo

1 È già da molto tempo che vado meditando e predisponendo un progetto alla cui realizzazione, con l'aiuto del Signore, sto ponendo mano, quello, a mio avviso indilazionabile, di riconsiderare con lo spirito di un giudice severo i miei modesti scritti si tratti di libri, di lettere o di sermoni e di segnalare in essi con lo stilo, a mo' di un censore, ciò che suscita la mia riprovazione. Nessuno certo, a meno che sia uno sprovveduto, oserà disapprovarmi per il fatto che disapprovo i miei errori. Se però sostiene che non avrei dovuto lasciarmi andare ad affermazioni delle quali in seguito ricredermi, dice il vero ed è sulla mia stessa linea. In tal caso non fa che disapprovare ciò che io stesso disapprovo. Non avrebbe infatti senso questa mia disapprovazione se avessi detto quello che era giusto dicessi.

2 Ognuno, comunque, è libero di accogliere il mio operato a suo beneplacito. Quanto a me è stato bene che mi sia attenuto, anche in questa circostanza, alla raccomandazione dell'Apostolo: Se giudicassimo noi stessi, non saremmo giudicati dal Signore·. Moltissimo timore mi incute anche l'altro passo della Scrittura: Per il molto parlare non riuscirai ad evitare il peccato·. Con ciò non intendo riferirmi alla vastità della mia produzione libraria o al molto che, pur se non da me espressamente dettato in vista della pubblicazione, è stato trasferito dalla mia esposizione

orale ad opere scritte: occorre guardarsi dall'accusa di loquacità ogni qualvolta vien detto ciò che è necessario dire, quale che sia il numero o l'ampiezza degli interventi. Mi incutono timore, però, queste parole della Sacra Scrittura se considero che dalle mie svariate discussioni è indubbiamente possibile ricavare molti tratti che, se non proprio falsi, potrebbero apparire o anche essere dimostrati come superflui. Chi il Cristo non ha gettato nel terrore, fra i suoi fedeli, laddove dice: Nel giorno del giudizio l'uomo renderà conto di ogni parola inutile che avrà pronunciato Di qui la raccomandazione del suo apostolo Giacomo: Ognuno sia pronto nell'ascoltare, ma lento a parlare·; e l'altra, quando, in un altro passo, così si esprime: Non fatevi maestri in molti, fratelli miei, ben sapendo che più severo sarà il giudizio su di voi, poiché tutti manchiamo in molte cose. Se qualcuno non manca nel parlare è un uomo perfetto·. Per quanto mi concerne non mi arrogo certo tale perfezione, ora che sono vecchio. Ma ancor meno avrei potuto arrogarmela quando, ancor giovane, incominciai a scrivere o a parlare alla gente e mi fu accordato un tale credito che, ogni qualvolta ero presente nel momento in cui occorreva parlare in pubblico, assai raramente mi era concesso di tacere e di ascoltare gli altri e di essere quindi pronto nell'ascoltare, ma lento a parlare. Non mi resta dunque che autogiudicarmi alla presenza dell'unico Maestro al cui giudizio sui miei errori vorrei tanto sottrarmi. Penso che si diano più maestri quando la pensano in modo diverso o contrastante. Quando però il discorso di tutti è lo stesso·, sono nella verità, e non si discostano dall'insegnamento dell'unico vero Maestro. Non sbagliano quando espongono molti dei suoi insegnamenti, ma quando ne aggiungono di propri·. In questo modo cadono dalla loquacità nella menzogna.

3 Sono stato ben lieto di produrre questo scritto al fine di consegnarlo nelle mani di persone alle quali non potrei più sottrarre, in vista di una revisione, quanto già pubblicato. Non intendo neppure tralasciare le opere da me composte durante il catecumenato, quando avevo già abbandonato le prospettive terrene, ma mi sentivo ancora inorgoglito dalla pratica della letteratura profana. Anch'esse vennero a conoscenza di trascrittori e lettori e possono essere lette con profitto, ove se ne scusino alcune mende (o anche se non le si scusano, ma sempre a patto che non si aderisca ai loro errori). Chiunque quindi leggerà codesti scritti, non mi imiti nell'errore, ma nella tensione verso il meglio. Leggendo infatti quei miei modesti lavori nell'ordine in cui furono redatti, scoprirà forse in che modo io abbia progredito mano mano che scrivevo e perché possa scoprirlo mi premurerò, con questa mia opera, di metterlo al corrente di quell'ordine.

LIBRO I

La controversia accademica, tre libri

1 Avevo già rinunciato, nell'ambito delle aspirazioni di questo mondo, alle mète che ero riuscito a conseguire o aspiravo ancora a raggiungere e m'ero rifugiato nella pace serena della vita cristiana. Non avevo ancora ricevuto il battesimo e, per prima cosa, mi detti a scrivere Contro gli Academici o Sugli Academici. Mio intendimento era quello di rimuovere con tutte le possibili obiezioni dal mio animo visto che io stesso ne restavo turbato le argomentazioni con le quali costoro tolgono a molti ogni speranza di trovare la verità, e inibiscono al saggio di dare il suo assenso ad alcun enunciato e di giungere ad una dichiarazione di evidenza e di certezza su alcunché: a loro parere infatti tutto sarebbe avvolto nell'oscurità e nell'incertezza. Quest'opera giunse a compimento grazie all'aiuto della misericordia divina.

1.2 In questi stessi miei tre libri però non approvo di aver tanto spesso fatto il nome della fortuna·, anche se non era mio intendimento che con questa denominazione si designasse una qualche divinità, ma solo il fortuito verificarsi di eventi favorevoli o sfavorevoli attinenti alla nostra persona fisica o al mondo esterno. Di qui quei vocaboli che nessuno scrupolo religioso ci vieta di pronunciare: Per caso, forse, per sorte, per avventura, fortuitamente. Il che non toglie, tuttavia, che tutto ciò che viene interpretato in questi termini vada, comunque, ricondotto all'azione provvidenziale di Dio. È quanto, del resto, io stesso non ho passato sotto silenzio in quest'opera quando affermo: Forse quella che prende comunemente il nome di fortuna è retta da un ordine misterioso e null'altro è quello che negli eventi chiamiamo caso se non ciò di cui ci sfugge il senso e la causa·. È vero, ho affermato questo. Mi pento però ugualmente di avere in quel passo menzionato in questo modo la fortuna: mi capita infatti di constatare che gli uomini hanno la pessima abitudine di dire: "·L'ha voluto la fortuna·", quando si dovrebbe dire: "·L'ha voluto Iddio·". Ho poi detto in un passo: È stato così disposto vuoi per responsabilità nostra vuoi per una irrevocabile legge di natura che uno spirito divino che resti legato alle cose mortali non trovi accoglienza nel porto della filosofia·, con ciò che segue. Al riguardo occorreva fare una scelta: o non si sarebbe dovuta menzionare nessuna delle due condizioni alternative, visto che anche così la frase avrebbe un senso compiuto, o sarebbe stato sufficiente dire: per responsabilità nostra, senza aggiungere: per una irrevocabile legge di natura; è un fatto che il nostro attuale stato di miseria deriva da Adamo e la dura necessità inerente alla nostra natura s'è costituita in conseguenza di un precedente e cosciente atto di iniquità. Analogamente la frase: Non si deve tenere in alcun conto e deve essere totalmente rifiutato tutto ciò che è visto da occhimortali, tutto ciò che è raggiunto dal senso·, andava così integrato: tutto ciò che è raggiunto dal senso del corpo mortale; esiste infatti anche un senso della mente. In quel passo mi esprimevo al modo di coloro che parlano di una sensibilità solo in rapporto col corpo e dicono sensibile solo ciò che è materiale. Ne viene di conseguenza che ogni qualvolta mi sono espresso così non s'è evitata del tutto una certa ambiguità, anche se trattasi di ambiguità nella quale possono cadere solo coloro che non fanno abitualmente uso di quell'espressione. Ho anche detto: Che altro pensi che sia vivere nella felicità se non vivere secondo quella che dell'uomo è la componente più alta?· E poco dopo, chiarendo che cosa avessi inteso definire come componente più alta dell'uomo: Chi potrebbe dubitare dissi che nell'uomo occupa la posizione più alta quella parte dell'anima alla cui autorità conviene che sottostiano tutte le altre componenti dell'uomo? Si tratta di quella parte perché tu non esiga da me un'altra definizione che possiamo denominare mente o ragione·. E ciò corrisponde senz'altro a verità, visto che, se si considera la natura dell'uomo, nulla vi è in lui di superiore alla mente e alla ragione. Chi però intende vivere nella felicità non deve vivere secondo quella parte: così facendo vive secondo l'uomo, mentre per attingere la felicità bisogna vivere secondo Dio·; e, per raggiungere la mèta, la nostra mente non deve essere paga di se stessa, ma sottomettersi a Dio. Parimenti rispondendo al mio interlocutore: In questo dissi non sbagli, e vorrei tanto che ciò ti fosse di buon auspicio per tutto il resto·. Benché il tono dell'espressione non sia serio, ma scherzoso, preferirei non ricorrere più al termine omen [auspicio]. Non ricordo di averlo rilevato né nelle nostre Sacre Scritture né nel linguaggio di qualche scrittore ecclesiastico, benché da omen derivi abominazione, un vocabolo che ricorre frequentemente nei Libri sacri.

1. 3. Nel secondo libro è del tutto sciocca e insulsa quella sorta di favola di filocalia e filosofia che le designa come sorelle e nate dallo stesso padre·. O quella che vien denominata filocalia è da annoverare fra le sciocchezze dei poeti e non è perciò a nessun patto sorella di filosofia, ovvero, se questo nome merita considerazione per il fatto che, tradotto in latino, significa amore della bellezza e designa la vera e suprema bellezza della sapienza, filosofia e filocalia, nella sfera delle supreme realtà immateriali cui appartengono, non possono che essere la stessa persona e non sono quindi in nessun modo assimilabili a due sorelle. In un altro passo, trattando dell'anima, ho detto: Per tornare, resa più sicura, in cielo·. Per maggior sicurezza avrei dovuto dire "·per andare·" piuttosto che per tornare, e ciò per evitare l'errore di coloro secondo i quali le anime umane, cadute o cacciate dal cielo in conseguenza dei loro peccati, verrebbero costrette a entrare in questi nostri corpi. Non ho esitato ad esprimermi in questo modo

in quanto dicendo in cielo intendevo dire "·a Dio·", che dell'anima è autore e creatore. Allo stesso modo il beato Cipriano non si è peritato di scrivere: Poiché il nostro corpo deriva dalla terra e il nostro spirito dal cielo, noi stessi siamo nel contempo cielo e terra·; e nell'Ecclesiaste è scritto: Lo spirito ritorni a Dio che l'ha dato, il che va in ogni caso inteso in un senso che non si opponga all'affermazione dell'Apostolo secondo la quale gli uomini non ancora nati nulla hanno compiuto né di bene né di male. Senza alcun dubbio dunque Dio stesso è una sorta di sede originaria della felicità dell'anima, quel Dio che non l'ha creata da se stesso, ma dal nulla, allo stesso modo in cui ha creato il corpo umano dalla terra. Per quanto infatti attiene al problema della sua origine e della sua presenza in un corpo, se cioè derivi da quell'unica anima che fu creata quando fu creato l'uomo come essere vivente o se le anime siano create singolarmente una per ciascuno né lo sapevo allora né lo so adesso.

1.4 Nel terzo libro ho detto: Se vuoi conoscere il mio parere sappi che per me il bene supremo dell'uomo risiede nella mente. Con maggiore aderenza alla verità avrei dovuto dire: "·in Dio·". Di lui infatti la mente, ai fini della felicità, gode come del suo massimo bene. Non mi piace neppure l'altra espressione: Posso giurare per tutto ciò che è divino·. Non è stato del pari corretto da parte mia affermare che gli Academici dimostravano di conoscere la verità per il fatto stesso di definire verisimile ciò che al vero assomiglia e tacciare poi di falsità quel verisimile cui essi danno il loro assenso·. E non è stato corretto per due motivi. Da un lato, stando alle mie parole, sarebbe falso ciò che in qualche modo assomiglia alla verità (ma anche questa, nel suo genere, è una verità); dall'altro, sempre stando alle mie parole, gli Academici avrebbero dato il loro assenso a quelle falsità che definivano verisimili, mentre sono essi stessi a negare quell'assenso ad ogni possibile enunciazione e ad attribuire questo stesso comportamento al sapiente. Se, comunque, mi sono espresso in quel modo su di loro è perché definiscono quel loro "·verisimile·" anche come "·probabile·". Non senza ragione mi sono altresì dispiaciuto di aver esaltato Platone o i Platonici (o Academici che dir si voglia) in una misura che non s'addice certo a pensatori rei d'empietà, visto che è soprattutto contro i loro gravi errori che va difesa la dottrina cristiana. Quanto al fatto che a paragone con le argomentazioni usate da Cicerone nei suoi libri academici, ho definito sciocchezzuole quelle cui ero ricorso per demolire in modo inconfutabile le tesi di quella scuola, è chiaro che il tono era scherzoso e di più che trasparente ironia: non avrei tuttavia ugualmente dovuto esprimermi in quel modo.

Il La felicità, un libro

2. Mi è occorso di scrivere il libro su La felicità non dopo la composizione dei libri Sugli Academici, ma in alternanza con essi. Nacque da una circostanza occasionale, la ricorrenza del mio giorno natalizio, e comprende una discussione durata tre giorni, come chiaramente si evince dal testo. Dal libro risulta che tutti noi, che avevamo condotto assieme la ricerca, giungemmo alla fine all'unanime conclusione che la felicità altro non è che la compiuta conoscenza di Dio. Mi rammarico però di avere in quella sede concesso più onore del dovuto a Manlio Teodoro dedicatario del libro, pur trattandosi di persona dotta e cristiana ; e di avere anche lì nominato spesso la fortuna·; e di aver affermato che durante questa nostra vita la felicità alberga solo nell'animo del sapiente, qualunque sia la condizione del suo corpo; affermazione, quest'ultima, in contrasto con le parole dell'Apostolo, il quale manifesta la speranza che la compiuta conoscenza di Dio, nella forma cioè più alta concessa all'uomo, si avrà nella vita futura, la sola che possa essere definita felice, quando anche il corpo, reso incorruttibile e immortale, sarà sottomesso alla sua componente spirituale senza difficoltà o contrasto. Nel mio manoscritto ho trovato questo libro lacunoso e mancante di una parte non piccola; è stato trascritto da alcuni confratelli nelle sue attuali condizioni e nel tempo in cui ho provveduto alla presente revisione non ero ancora

riuscito a trovarne in casa di nessuno un esemplare completo che mi permettesse di eseguire le dovute correzioni.

III – L'ordine, due libri

3.2 In quel medesimo periodo, e sempre intercalandone la stesura a quella dei libri Sugli Academici, scrissi anche due libri su L'ordine. In essi viene dibattuta la grossa questione relativa alla presenza o meno di tutti i beni e di tutti i mali nell'ordine stabilito dalla provvidenza divina. Mi accorsi però che un argomento di difficile comprensione come quello, con notevole difficoltà avrebbe potuto essere chiaramente recepito da coloro coi quali mi intrattenevo in discussione e preferii quindi limitarmi a parlare dell'ordine degli studi grazie al quale è possibile progredire verso la conoscenza delle realtà immateriali partendo da quelle materiali.

3.3 Mi rammarico però di aver spesso introdotto anche in questi libri il nome della fortuna·; e di non aver aggiunto la specificazione del corpo ogni qualvolta nominavo i sensi del corpo·; e di aver dato troppo peso alle discipline liberali· sulle quali grande è l'ignoranza di molti santi, mentre alcuni, pur conoscendole, non sono dei santi; e di aver menzionato, pur se con tono scherzoso, le Muse come se fossero delle dee·; e di aver chiamato imperfezione il fatto di meravigliarsi·; e di aver affermato che rifulsero della luce della virtù dei filosofi privi della vera fede·. Mi rammarico anche di aver sostenuto, non a nome di Platone o dei platonici, ma come si trattasse di una posizione mia, che esistono due mondi, l'uno sensibile, l'altro intelligibile, e di aver insinuato che questo avrebbe voluto intendere il Signore· in quanto anziché dire: "·Il mio regno non è del mondo·", dice invece: Il mio regno non è di questo mondo ·. Si potrebbe scoprire che alla base di quelle parole v'è una qualche locuzione consacrata dall'uso. In ogni caso, se Cristo Signore fa riferimento ad un altro mondo, lo si potrebbe più convenientemente identificare con quel mondo in cui ci saranno un cielo nuovo ed una terra nuova·, quando avrà compimento quella realtà che invochiamo con le parole: Venga il tuo regno. Né aveva torto Platone nel parlarci di un mondo intelligibile, sempre che ci si voglia riferire alla sua realtà e non al vocabolo mondo che nel linguaggio della Chiesa non assume mai quel significato. Egli infatti ha denominato mondo intelligibile la stessa eterna ed immutabile ragione con la quale Dio ha creato il mondo. Chi ne nega l'esistenza deve, per coerenza, ammettere l'irrazionalità dell'azione creatrice di Dio, o riconoscere che Dio, sia al momento della creazione, sis in precedenza, non sapesse quel che faceva, visto che non ci sarebbe stata in lui la ragione quale criterio del suo operare. Se era in lui, come in realtà lo era, è chiaro che Platone ha inteso riferirsi a tale realtà con l'espressione mondo intelligibile. Non saremmo tuttavia ricorsi a tale denominazione, se fossimo già stati sufficientemente esperti nella letteratura ecclesiastica.

3.3 Neppure questo approvo, di aver detto che occorre impegnarsi in una condotta irreprensibile e di aver subito aggiunto: altrimenti il nostro Dio non potrà esaudirci. Aiuterà invece assai facilmente chi imposta correttamente la propria vita·. S'è detto questo come se Dio non esaudisse i peccatori·. Qualcuno, è vero, si era espresso in questo modo nel Vangelo, ma si trattava di un uomo che, pur non avendo ancora riconosciuto il Cristo, ne era stato illuminato nel corpo. Neppure approvo di aver tributato al filosofo Pitagora una lode tanto grande da indurre chi ascolta o legge a ritenere che secondo me non ci sarebbe nell'insegnamento di Pitagora errore alcuno·: ce ne sono invece parecchi e gravissimi.

IV – I Soliloqui, due libri

4.1 Nel frattempo scrissi altri due volumi per soddisfare una mia ardente aspirazione, quella di cercare razionalmente la verità su ciò che più intensamente desideravo conoscere; e l'ho fatto rivolgendo domande e rispondendo a me stesso, quasi che io e la mia ragione fossimo due realtà distinte, mentre ero presente io solo. Di qui il titolo di Soliloqui da me assegnato a quest'opera. Essa è rimasta incompiuta e pur tuttavia nel primo libro, attraverso la ricerca, si giunge comunque alla rappresentazione delle caratteristiche di chi aspira ad attingere la sapienza, quella sapienza che si raggiunge non col senso del corpo, ma con la mente; e alla fine del libro, con una ben definita argomentazione, si conclude che ciò che partecipa veramente dell'essere è immortale; nel secondo libro si dibatte a lungo, senza terminare il discorso, il tema dell'immortalità dell'anima.

4.2 In questi libri non approvo di aver detto in una preghiera: O Dio, che hai voluto che solo i puri conoscessero il vero·. Si può obiettare che anche molti che non sono puri conoscono molte verità. Inoltre in quella sede non vien definito quale sia il vero che solo i puri possono conoscere né che cosa significhi conoscere. Non approvo neppure l'altra frase: O Dio, il cui regno è tutto il mondo, che il senso non può conoscere·. Se per oggetto del conoscere si

deve intendere Dio si sarebbe dovuto integrare
così: che il senso del corpo mortale non può
conoscere; se invece è il mondo ad essere ignorato
dal senso, si dovrà intendere quello che verrà
con cielo nuovo e terra nuova·. Ma anche in questo
caso sarebbe stata necessaria l'integrazione: "·senso
del corpo mortale·". Io però seguivo la comune
consuetudine per cui si parla propriamente di senso
solo in rapporto a quello del corpo. Non occorre
comunque continuamente ripetere ciò che ho già
scritto anche in precedenza· basta ricordarlo ogni
qualvolta questo modo di esprimersi ricorre nei miei
scritti.

4.3 E quando ho detto del Padre e del Figlio: È una
cosa sola chi genera e chi è generato·, avrei dovuto
dire "·sono una cosa sola·", come la Verità stessa
proclama quando dice: Io e il Padre siamo una cosa
sola·. Non approvo neppure di aver detto che in
questa vita l'anima può esser felice una volta che
abbia conosciuto Dio·: l'affermazione potrebbe forse
essere valida, ma solo a patto che tale felicità sia
oggetto di speranza. Quanto all'affermazione
che l'unione con la sapienza non si raggiunge
seguendo un'unica via·, non suona bene, è come se
si affermasse che esiste un'altra via oltre al Cristo il
quale ha affermato: Io sono la via. Si sarebbe dovuto
evitare di turbare in questo modo la sensibilità degli
spiriti religiosi, anche se è vero che altra è la via
universale, altre le vie a proposito delle quali

cantiamo nel Salmo: Fammi conoscere le tue vie, Signore, e insegnami i tuoi sentieri·. Anche nell'affermazione che bisogna del tutto fuggire da codeste realtà sensibili·, si sarebbe dovuto evitare il sospetto che facessimo nostra la posizione dello pseudofilosofo Porfirio, secondo il quale si deve fuggire da ogni realtà corporea·. Non ho detto " da tutte le realtà sensibili ", ma solo da quelle di questo mondo soggette a corruzione. Avrei dovuto piuttosto dire: non ci saranno più realtà sensibili come queste nel cielo nuovo e nella terra nuova del mondo che verrà.

4.4 Ho anche detto in un passo che gli esperti nelle discipline liberali ne recuperano sicuramente la conoscenza in se stessi dove giace nell'oblio attraverso l'apprendimento e, in certo qual senso, la dissotterrano·. Anche questo non incontra la mia approvazione. C'è piuttosto da ritenere che anche degli indotti siano in grado di fornire risposte conformi a verità su talune discipline, quando vengon fatte loro delle domande in forma corretta; ma ciò avviene perché risplende in loro la luce della ragione eterna nella quale contemplano, nei limiti in cui è dato loro di farlo, le verità immutabili, non perché le abbiano conosciute un tempo e se ne siano poi dimenticati, come hanno creduto Platone e quelli che la pensano come lui. Contro la loro opinione ho già dissertato nel dodicesimo libro su La Trinità, nei limiti in cui l'argomento affrontato me ne offriva l'occasione.

V – L'immortalità dell'anima, un libro

5.1 Dopo i libri dei Soliloqui, rientrato a Milano dalla campagna, scrissi un libro Sull'immortalità dell'anima, che avevo concepito come un promemoria in vista del completamento deiSoliloqui, che erano rimasti incompiuti. Non so come, però, e contro le mie intenzioni lo scritto divenne di pubblica ragione ed è menzionato fra i miei opuscoli. Innanzitutto per il procedere contorto delle argomentazioni e per l'estrema concisione è così oscuro, che è anche per me molto faticoso concentrarmi nella sua lettura, e a malapena riesco a ricavarne un senso.

5.2 Ma c'è dell'altro. In un'argomentazione di quel libro, nella quale prendo in considerazione solo le anime degli uomini, ho detto: Non ci può essere disciplina in chi non apprende·; analogamente in un altro passo ho detto: Nulla abbraccia la scienza se non ciò che è di pertinenza di una qualche disciplina·. Non avevo considerato che Dio non apprende nessuna disciplina, ma possiede la conoscenza di tutto e che in tale conoscenza è compresa anche quella del futuro. Pure erronea è l'altra mia affermazione che l'unione di vita e ragione non appartengono che all'anima·; neppure in Dio infatti c'è vita senza ragione, che anzi vita e ragione sono in lui al massimo grado; altrettanto errato è quanto ho detto un po' prima: Ciò che è oggetto del pensiero è sempre lo stesso·. Anche l'anima è oggetto del pensiero, eppure non è sempre la stessa. Quanto all'altra affermazione – l'anima non si può separare dalla ragione eterna poiché non è ad essa unita spazialmente· – non mi sarei espresso così se fossi stato tanto esperto nelle Sacre Scritture da ricordarmi quanto è scritto: I vostri peccati vi separano da Dio·. Da ciò è possibile comprendere che ci può essere separazione anche di quanto era unito non spazialmente, ma spiritualmente.

5.3 Non sono riuscito a ricordare che cosa intendessi dire con la frase: L'anima, se manca del corpo, non è in questo mondo·. Forse che l'alternativa per le anime dei morti è o di non mancare del corpo o di non essere in questo mondo, quasi che gli inferi non siano in questo mondo?. Poiché però assegnavo all'espressione mancare del corpo una valenza positiva, è possibile che col termine corpo intendessi designare i mali del corpo. Se è così devo ammettere di essermi servito in modo troppo inusitato del vocabolo corpo. Frutto di sconsideratezza è anche quest'altro tratto: Attraverso l'anima da parte della Somma Essenza vien data una forma al corpo, in virtù della quale è tutto ciò che è. In virtù dell'anima dunque il corpo sussiste ed acquista esistenza, per il principio stesso da cui è animato sia in generale come il mondo sia in particolare come un qualsiasi essere fornito d'anima che è nel mondo·. Tutto ciò è stato detto con estrema sconsideratezza.

VI – Libri sulle discipline, un libro

6. Nel medesimo torno di tempo in cui soggiornavo a Milano in attesa di ricevere il battesimo tentai anche di portare avanti un'opera in più libri sulle discipline, coinvolgendo nella discussione, attraverso la tecnica dell'interrogazione, le persone che erano con me e che non rifuggivano da quel tipo di interessi. Mi ripromettevo così, seguendo un ben articolato e graduale percorso, di giungere io stesso e di condurre gli altri alla conoscenza delle realtà incorporee passando prima attraverso quelle corporee. Di quel progetto sono però riuscito a condurre a termine solo il libro su La grammatica, che non ho più trovato nel mio armadio, e sei libri su La musica limitati a quella parte che prende il nome di ritmo. Ho scritto questi sei libri da battezzato, dopo essere rientrato in Africa dall'Italia: in quel di Milano infatti avevo appena abbordato la trattazione di tale disciplina. Delle altre cinque discipline, alle quali avevo pure posto mano in quella medesima circostanza, vale a dire la dialettica, la retorica, la geometria, l'aritmetica, la filosofia, sono rimasti solo gli inizi appena abbozzati, anch'essi scomparsi dall'armadio, ma che suppongo siano ancora in possesso di qualcuno.

VII (VI) – La morale della Chiesa cattolica e la morale dei Manichei, due libri

7.1 Avevo già ricevuto il battesimo e, soggiornando a Roma, non me la sentii di tollerare in silenzio la presunzione dei Manichei. Forti della loro ingannevole continenza o astinenza costoro, per ingannare gli ignari, si pongono al di sopra dei veri Cristiani, coi quali non possono ambire ad alcun possibile confronto. Scrissi allora due libri, uno su La morale della Chiesa cattolica, l'altro su La morale dei Manichei.

7.2 Nel libro su La morale della Chiesa Cattolica avevo adottato come testimonianza un passo scritturistico così redatto: Per causa tua veniamo colpiti per una intera giornata, siamo stati considerati alla stregua di pecore da macello·. Mi aveva tratto in inganno la scorrettezza del mio esemplare, non avendo io ricordato l'esatta lezione, data la scarsa consuetudine che allora avevo con le Scritture. Infatti altri esemplari contenenti la stessa traduzione non recano: per causa tua siamo colpiti, bensì: per causa tua siamo colpiti a morte, espressione che altri, servendosi di un unico vocabolo, rendono con: siamo fatti morire. Che si tratti del testo esatto è provato dai codici recanti la versione greca delle Scritture antiche fatta dai Settanta e dalla quale deriva quella latina. Eppure proprio partendo dalle parole: per causa tua siamo colpiti, ho potuto impostare delle discussioni la cui sostanza non me la sento di disapprovare. Non sono però assolutamente riuscito a provare, partendo da quelle parole, l'accordo fra antiche e nuove Scritture. Ho chiarito l'origine del mio errore: sono però ugualmente riuscito a dimostrare sufficientemente quell'accordo sulla base di altri testi.

7.3 Poco più avanti, ho addotto un passo del Libro della Sapienza secondo l'esemplare in nostro possesso dove si leggeva: La Sapienza insegna la sobrietà, la giustizia e la virtù·. Anche partendo da queste parole ho potuto discutere delle verità, ma ero occasionalmente addivenuto alla loro scoperta attraverso un errore. Che c'è di più vero del fatto che la Sapienza insegna la verità della contemplazione, concetto che ritenevo espresso dal termine "·sobrietà·", o che insegna la correttezza dell'agire, che pensavo indicata dagli altri due termini: "·giustizia·" e "·virtù·"? Ma i codici migliori di quella traduzione recano: insegna la sobrietà e la sapienza e la giustizia e la virtù. Con questi termini il traduttore latino ha inteso designare le quattro virtù che entrano soprattutto nel linguaggio filosofico: chiama sobrietà la temperanza, assegna alla prudenza il nome di sapienza, nomina la fortezza mediante il termine virtù ed ha tradotto solo la giustizia col suo nome. Molto tempo dopo, consultando gli esemplari greci, ho constatato che nel Libro della Sapienza le quattro virtù sono designate con gli esatti vocaboli loro assegnati dai Greci. Analogo è il caso di questo passo del libro di Salomone – Vanità dei vanitosi, ha detto l'Ecclesiaste – una frase che ho letto in questa forma in molti manoscritti. Non così però il testo greco che reca: Vanità delle vanità·. In seguito ho constatato che erano migliori gli esemplari latini che recano delle   vanità,   non dei   vanitosi.   Risulta comunque tutto vero ciò che ho detto traendo spunto da questo errore, come si evince dal contenuto di tutta la mia esposizione.

7.4 Ho anche detto: Quello stesso che desideriamo conoscere, cioè Dio, amiamolo prima con amore pieno·. Sarebbe stato meglio dire "·sincero·", anziché pieno, per evitare che si pensasse che l'amore di Dio non sarà maggiore quando lo vedremo faccia   a   faccia·. S'accetti   dunque l'espressione, ma intendendo per pieno ciò di cui non vi può essere nulla di più grande durante la nostra peregrinazione terrena guidata dalla fede. Il nostro amore sarà pieno, anzi pienissimo, ma al momento della visione diretta? Analogamente di coloro che soccorrono i bisognosi ho detto che vengono chiamati misericordiosi, anche se sono talmente saggi da non provare più alcun dolore nell'animo. La frase non va intesa nel senso che, secondo me, vi sarebbero in questa vita saggi di questo tipo: infatti non ho detto "·quando sono·", ma: anche se sono.

7.5 In un altro passo ho detto: Una volta che questo amore umano abbia nutrito e rafforzato l'anima e questa, attaccata alle tue mammelle, sia stata messa in grado di seguire Dio, una volta che la sua Maestà abbia incominciato a manifestarsi entro limiti sufficientemente ampi per chi soggiorna in questa terra, ne nasce un tale ardore di carità e l'amore divino erompe in un tale incendio da distruggere col fuoco ogni vizio, da restituire all'essere umano santità e purezza e da mostrare quanto sia degna di Dio l'affermazione: "·sono un fuoco che consuma·"·. I Pelagiani su questa base potrebbero attribuirmi l'affermazione che tale perfezione possa toccarci in questa vita mortale. Si guardino però bene dal farlo. L'ardore della carità, messo in grado di seguire Dio e reso così grande da consumare tutti i vizi, può senza dubbio nascere e svilupparsi in questa vita. Non può però raggiungere compiutamente quaggiù lo scopo per cui ha nascimento, quello di togliere all'uomo ogni menda, anche se resta vero che un risultato così grande si realizza compiutamente grazie a questo stesso ardore di carità quando e dove è possibile. E come il bagno della rigenerazione lava la macchia di tutti i peccati che la nascita dell'uomo portò con sé e che contrasse la sua iniquità, così possa quella perfezione purificarlo dalle brutture di tutti i vizi senza dei quali non vi sarebbe per l'uomo debolezza alcuna in questo mondo. Così vanno intese anche le parole dell'Apostolo: Cristo ha amato la Chiesa e si è offerto per essa purificandola col bagno dell'acqua unito alla parola, sì da far sorgere dinanzi a sé una Chiesa gloriosa, senza macchia né ruga né consimili imperfezioni·. Nella attuale situazione è il bagno dell'acqua unito alla parola che purifica la Chiesa. Ma poiché essa, finché è quaggiù, è unanime nel dire: rimetti i nostri peccati·, è chiaro che in tale situazione non è del tutto senza macchia o ruga o difetti consimili. Da quanto tuttavia riceve quaggiù, vien condotta verso quella gloria e quella perfezione che qui non esiste.

7.6 Nell'altro libro intitolato La morale dei Manichei ho scritto: La bontà di Dio dispone le creature che hanno deviato in modo ch'esse vengano a trovarsi nella posizione che loro maggiormente conviene, in attesa che, restaurato l'ordine dei loro movimenti, ritornino al punto a partire dal quale avevano deviato·. Queste parole non vanno intese nel senso che tutte ritorneranno al punto a partire dal quale avevano deviato, come aveva sostenuto Origene ·, ma vanno riferite solo a quelle creature che di fatto compiono questo ritorno. Non ritorneranno infatti a Dio, dal quale si sono allontanati, coloro che saranno puniti col fuoco eterno; né ciò è in contrasto col fatto che tutte le creature che hanno deviato sono disposte in modo da trovarsi nella posizione che loro maggiormente conviene: per coloro infatti che non ritorneranno è perfettamente congruente trovarsi nei tormenti. In un altro passo ho scritto: Nessuno dubita che gli scarabei nascano da fimo plasmato a forma di palla e da essi sepolto·; in realtà molti dubitano che ciò sia vero e molti altri non ne hanno neppure sentito parlare.

VIII (VII) – La grandezza dell'anima, un libro

8.1 Sempre a Roma ho composto un dialogo nel quale vengono indagate e discusse molte questioni relative all'anima quali la sua origine, la sua natura, la sua grandezza, il motivo della sua unione col corpo, ciò ch'essa diviene al momento dell'entrata e dell'uscita dal corpo·. Poiché vi ho discusso con grande impegno e con approfondimenti sottili della sua grandezza, e mio intendimento era quello di dimostrare se possibile che tale grandezza non è riportabile alla dimensione dei corpi materiali, pur trattandosi di qualcosa di veramente grande, il libro nel suo insieme ha ricevuto il suo titolo da quest'unica questione, titolo che, pertanto, suona: La grandezza dell'anima.

8.2 In questo libro ho espresso l'opinione che l'anima abbia recato con sé i contenuti di tutte le arti e che quello che chiamiamo apprendere altro non sia che richiamare alla memoria e ricordare·. Questa affermazione non va però intesa nel senso che si accetta una di queste ipotesi: o che l'anima sia già vissuta in questo mondo, inserita in un altro corpo, o che sia vissuta altrove, non importa se nel corpo o fuori del corpo, e che abbia precedentemente appreso in un'altra vita ciò cui è in grado di rispondere se interrogata, visto che in questa non può averlo appreso·. Può essere infatti, come s'è già detto in quest'opera , che l'anima abbia tale capacità in quanto rientra nella sfera delle nature intelligibili e le realtà cui essa è connessa sono non solo intelligibili, ma anche immortali. Pertanto l'ordine in cui rientra comporta che, ogni qualvolta si volge alle realtà cui è connessa o a se stessa, è in grado di dare su tali realtà risposte conformi al vero in quanto ne ha diretta intuizione. Né ha recato con sé e possiede in quel modo i contenuti di tutte le arti: su quelle che attengono ai sensi del corpo, come per esempio su molti aspetti della medicina e su tutti i contenuti dell'astronomia, non è in grado di esporre se non ciò che ha potuto apprendere in questo mondo. È invece in grado di rispondere, in base a quanto s'è detto, sulle verità colte dalla sola intelligenza ogni qualvolta sia stata correttamente interrogata da se stessa o da altri e quando le abbia richiamate alla memoria.

8.3 In un altro passo ho detto: Vorrei a questo punto dire di più ed impormi, mentre in certo qual modo ti faccio da maestro, di non por mano ad altro se non al compito di restituirmi a me stesso cui soprattutto mi debbo·. Mi sembra che avrei dovuto piuttosto dire: restituirmi a Dio al quale soprattutto mi debbo. Mi ero espresso così poiché l'uomo deve in primo luogo restituirsi a se stesso: solo a questo punto, fatto in un certo senso il primo passo, può alzarsi e salire fino a Dio come il figlio minore della parabola che, dopo esser rientrato in se stesso disse: M'alzerò e andrò da mio padre·. Subito dopo ho aggiunto: e diventare uno schiavo amico del padrone. Quanto alla frase: cui soprattutto mi debbo, è da intendersi in riferimento agli uomini: mi debbo infatti a me stesso più che a tutti gli altri uomini, anche se a Dio più che a me stesso.

IX (VIII) – Il libero arbitrio, tre libri

9.1 Mentre ci trovavamo ancora a Roma si manifestò in noi la volontà di approfondire, attraverso una disputa, il problema dell'origine del male e impostammo la discussione secondo un progetto ben preciso, quello di esperire la possibilità che un'argomentazione ben meditata e articolata, compatibilmente con quanto attraverso tale discussione era possibile realizzare in tale direzione con l'aiuto di Dio, conducesse alla nostra comprensione la verità su questo argomento cui già aderivamo in obbedienza all'autorità divina. E poiché, dopo aver attentamente discusso la questione, giungemmo unanimemente alla conclusione che il male deriva dal libero arbitrio della volontà, i tre libri scaturiti dalla disputa ebbero come titolo Il libero arbitrio. Condussi a termine come potei il terzo e il quarto in Africa, quando ero già stato ordinato sacerdote ad Ippona.

9.2 In questi libri i temi discussi erano talmente tanti da indurmi a rimandare la soluzione di talune questioni che mi si erano presentate cammin facendo e che non ero riuscito a sviluppare adeguatamente o che avrebbero comunque richiesto sul momento un lungo discorso. S'era però fatto in modo che, partendo da due o da tutte le posizioni alternative che quelle questioni, in mancanza dell'evidenza del vero, comportavano, il nostro argomentare dovesse comunque addivenire al risultato che, quale che fosse la vera fra le soluzioni proposte, si fosse tenuti a ritenere o anche a dimostrare che a Dio spetta la lode. Quella discussione fu intrapresa per coloro che escludono che l'origine del male possa essere ricondotta al libero arbitrio della volontà e sostengono che, se si accetta tale origine, si è costretti ad attribuirne la colpa a Dio, creatore di tutti gli esseri. Scopo di questo loro atteggiamento è l'introduzione di un principio del male immutabile e coeterno a Dio e ciò fanno – trattasi infatti dei Manichei – per tener fede a un errore della loro empia dottrina. Da quei libri invece, data la specificità della questione proposta, è del tutto assente ogni discussione sulla grazia mediante la quale Dio ha predestinato i suoi eletti predisponendo la volontà di quelli fra loro che già nell'esercitare tale volontà fruiscono del libero arbitrio. Quando se n'è offerta l'occasione se n'è fatta solo una rapida menzione e si è evitato di fornirne una approfondita e laboriosa difesa quasi che quello fosse il tema affrontato. Altro è infatti interrogarsi sull'origine del male, altro è chiedersi donde prendere l'avvio per tornare al bene di un tempo o per raggiungerne uno maggiore.

9.3 Non si esaltino troppo però i nuovi eretici seguaci di Pelagio. Se in questi libri ci siamo lasciati andare a molte affermazioni favorevoli al libero arbitrio in conformità con quanto il tema affrontato esigeva, ciò non significa che intendessimo metterci sullo stesso piano di gente come loro, che sostengono il libero arbitrio della volontà fino al punto di togliere spazio alla grazia divina e di ritenere che questa ci sia concessa in conseguenza dei nostri meriti. Ho detto, è vero, nel primo libro: Le cattive azioni sono punite dalla giustizia di Dio; ed ho aggiunto: Non sarebbe giusta la punizione se non fossero commesse volontariamente·. Parimenti, nel sostenere che la buona volontà è un bene così grande da sopravanzare giustamente tutti i beni propri del corpo e ad esso esterni, ho detto: Ti sarà ormai chiaro, a quanto mi par di capire, che dipende dalla volontà il fruire o il non fruire di un bene così grande e così autentico: che v'è infatti di più interno alla volontà della volontà stessa? E in un altro passo: Che motivo c'è di porre in dubbio una verità come questa, che cioè è in forza della volontà che noi, pur se in passato fummo sempre privi di saggezza, conduciamo meritatamente una vita apprezzabile e felice e che, sempre per opera della volontà, ne conduciamo una indegna ed infelice? Così pure ho scritto in un altro passo: Ne consegue che chiunque vuol vivere con rettitudine ed onestà, se è sua volontà il volerlo, rinunciando ai beni fugaci, conseguirà un bene così grande con tanta facilità che per lui il conseguire l'oggetto della sua volontà coinciderà con l'atto stesso di volerlo. Così pure altrove ho scritto: Quella legge divina, che è tempo di riprendere in considerazione, ha fissato con immutabile decreto questo principio, che nella volontà stia il merito, nella felicità e nella miseria il premio e il castigo. E altrove: Risulta legata alla volontà la decisione che ciascuno sceglie liberamente di seguire e di adottare. Nel secondo libro poi ho detto: L'uomo stesso, infatti, in quanto uomo, è un bene, dal momento che, qualora lo voglia, può realizzare una retta condotta di vita. In un altro passo dello stesso libro ho affermato che il libero arbitrio della volontà è condizione necessaria per un agire corretto. Nel terzo libro poi ho detto: Che motivo c'è di chiedersi donde derivi questo impulso in conseguenza del quale la volontà è stornata da un bene non soggetto a mutamento e volta verso un bene mutevole? Non riconosciamo forse che tale impulso è peculiare dell'anima, volontario e per ciò stesso colpevole e che ogni regola utile al riguardo ha un ben preciso scopo, quello di disapprovare e fermare quell'impulso e di volgere la nostra volontà dalla mutabilità di ciò che è temporale alla fruizione del bene eterno? In un altro passo ho detto: Ciò che dici di te è la verità a proclamarlo nel modo migliore. Non potresti avvertire che è in nostro potere se non il fatto stesso di fare ciò che vogliamo. Nulla pertanto è in nostro potere quanto la stessa volontà: essa infatti è completamente e senza indugio a nostra disposizione non appena lo vogliamo. Così pure ho detto in un altro passo: Se ricevi lode quando vedi ciò che devi fare, anche se non lo vedi se non in colui che è l'immutabile verità, quanto più si dovrà rendere lode a colui che ci ha ordinato di volerlo, ci ha offerto la possibilità di farlo e non ha permesso che rimanesse impunito il nostro rifiuto. Quindi ho aggiunto: Se il dovere di ciascuno è in rapporto con ciò che ha ricevuto e se l'uomo è fatto in modo che deve necessariamente peccare, il suo dovere sarà di peccare. Quando dunque pecca fa ciò che deve. Ma poiché dire questo è un delitto, ne deriva che nessuno è spinto dalla sua peculiare natura a peccare. E ancora: Quale infine potrà essere una causa della volontà che preceda la volontà? O infatti si identifica con la volontà stessa e non ci si allontana da quella prima radice che è la volontà, o è altro dalla volontà e non contempla alcun peccato. O dunque la volontà è la prima causa del peccare, o nessun peccato lo può essere. Ma non si può ragionevolmente imputare il peccato se non a chi pecca. Non è quindi giusto imputarlo ad alcuno se non a chi pecca volontariamente. Dico poco più avanti: Chi pecca nel fare ciò che non può assolutamente essere evitato? Visto però che di fatto si pecca, ciò significa che evitare è possibile. Di questa mia testimonianza si è servito Pelagio in un suo libro, ed io, nel rispondergli con un altro libro, ho voluto che il titolo del mio fosse: La natura e la grazia.

9.4 Poiché nelle espressioni citate e in altre consimili non si fa menzione alcuna della grazia divina, che non era allora in questione, i Pelagiani ritengono o possono ritenere che noi fossimo sulla loro stessa linea. Ma è una supposizione infondata. È certamente la volontà che ci fa peccare e vivere rettamente, e questo è il concetto che abbiamo sviluppato nelle espressioni qui riportate. Se quindi non interviene la grazia divina a liberare la stessa volontà dalla condizione servile che la fa schiava del peccato e non l'aiuta a superare i suoi difetti, non è possibile ai mortali vivere secondo pietà e giustizia. E se questo benefico intervento divino, che libera la volontà, non la precedesse, lo si dovrebbe considerare come un compenso concesso ai suoi meriti e non sarebbe più grazia, visto che per grazia s'intende in ogni caso ciò che è dato gratuitamente. Di questo abbiamo sufficientemente trattato in altri nostri opuscoli, nel contesto della confutazione dei nuovi eretici che di questa grazia si dichiarano nemici. Ciò non toglie che nei libri sul libero arbitrio ora in esame, che non abbiamo assolutamente scritto contro di loro, visto che a quel tempo ancora non esistevano, bensì contro i Manichei, non abbiamo del tutto passato sotto silenzio codesta grazia divina ch'essi si sforzano di togliere di mezzo con indicibile empietà. Abbiamo detto nel secondo libro: Non solo i beni grandi, ma anche gli infimi non possono trarre il loro essere che da colui che è la fonte di tutti i beni, cioè da Dio. E poco oltre: Le virtù, grazie alle quali viviamo rettamente, sono dei beni grandi. I pregi esteriori dei corpi, quali essi siano, la cui assenza è compatibile con una vita conforme a rettitudine, sono beni infimi. Le potenzialità dell'anima, in mancanza delle quali vivere rettamente è impossibile, sono beni medi. Ora non c'è nessuno che faccia cattivo uso delle virtù, ma chiunque non solo può far buon uso degli altri beni, cioè dei medi e degli infimi, ma anche farne uno cattivo. E il motivo per cui nessuno può far cattivo uso della virtù consiste nel fatto che funzione della virtù è il buon uso di quei beni dei quali è possibile anche fare un uso non buono. Ma nessuno, facendone buon uso, può farne uno cattivo. È per questo che la generosità e la grandezza della bontà divina ha concesso che ci siano beni grandi, ma anche beni medi ed infimi. La sua bontà va lodata più nei grandi beni che nei medi, e più nei medi che negli infimi. Ma in tutti più che se non ce li avesse tutti forniti. E in un altro passo ho detto: Tu però mantieni saldo il tuo sentimento religioso sì che alla tua sensibilità, o alla tua intelligenza, o al tuo pensiero, comunque sia orientato, nulla si presenti come un bene che non derivi da Dio. Così pure in un altro passo ho detto: Ma poiché l'uomo, che di sua iniziativa è caduto, non può allo stesso modo risollevarsi di sua iniziativa, afferriamo con fede sicura la mano di Dio che ci vien tesa dall'alto nella persona del Signore nostro Gesù Cristo.

9.5 Nel terzo libro, l'ammetto, ero ricorso a un'espressione che, come s'è ricordato, aveva indotto Pelagio a trarre dai miei scritti argomenti a suo favore. Essa suona: Chi pecca nel fare ciò che non può essere evitato? Visto però che di fatto si pecca, ciò significa che evitare è possibile. Subito dopo però avevo aggiunto: E tuttavia ci sono azioni compiute per ignoranza che vengono riprovate e che si ritiene debbano essere corrette in base all'autorità delle Sacre Scritture. Dice infatti l'Apostolo: "·Ho ottenuto misericordia poiché ho agito per ignoranza·". E il Profeta: "·Dimentica i peccati dovuti alla mia giovane età ed alla mia ignoranza·". Anche ciò che si fa per necessità va riprovato, quando l'uomo vuole agire correttamente, ma non è in grado di farlo. Che fondamento avrebbero altrimenti espressioni come questa: "·Non faccio il bene che voglio, ma il male che odio·"; o l'altra: "·Non mi manca la volontà, ma la possibilità di fare il bene·"; o l'altra ancora: "·La carne concepisce desideri in contrasto con lo spirito, e lo spirito in contrasto con la carne: queste due componenti infatti si avversano reciprocamente sì da non permettervi di fare ciò che volete·"? Ma tutte queste miserie sono appannaggio degli uomini che hanno alle loro spalle la nota condanna a morire. Se infatti questa non è una punizione per l'uomo, ma una legge di natura, allora codesti non sono peccati. E se non si allontana da quella situazione nella quale è stato creato e che non contempla un miglioramento, l'uomo, comportandosi come si comporta, fa solo ciò che deve. Ovviamente se l'uomo fosse buono, la sua situazione sarebbe diversa. In realtà però, dato ch'è così com'è, non è buono e non ha la possibilità di esserlo sia che non veda quale dovrebbe essere, sia che lo veda e non riesca ad essere quale vede di dover essere. Chi dubiterebbe che questa sia una punizione? Ma ogni punizione, se è giusta, è punizione del peccato e prende il nome di castigo. Se invece è ingiusta, visto che nessuno pone in dubbio che si tratti di una punizione, ciò vuol dire che è stata inflitta all'uomo in forza di un potere ingiusto. Poiché tuttavia è da folle dubitare dell'onnipotenza e della giustizia di Dio, questa punizione è giusta e viene scontata per qualche peccato. È infatti impensabile che un tiranno ingiusto abbia potuto o sottrarre l'uomo a Dio senza che se n'accorgesse o che, al fine di tormentare l'uomo con una ingiusta punizione, glielo abbia strappato suo malgrado e abbia approfittato della sua debolezza terrorizzandolo o lottando con lui. Resta dunque come unica soluzione che questa giusta punizione derivi da una condanna nei riguardi dell'uomo·. E in un altro passo ho detto: Sostenere il falso in luogo del vero pur cadendo nell'errore contro la propria volontà e non riuscire a trattenersi da un comportamento passionale per la resistenza e il tormento provocati dalla dolorosa schiavitù della carne, non rientra nella naturale costituzione dell'uomo, ma costituisce la pena di un condannato. Quando perciò parliamo della libera volontà di agire rettamente, intendiamo riferirci a quella libertà nella quale l'uomo è stato creato.

9.6 Ed ecco che, prima ancora che facesse la sua

comparsa l'eresia pelagiana, avevamo impostato la nostra discussione come se già avessimo i Pelagiani come bersaglio. Visto che, come s'è detto, tutti i beni derivano da Dio, sia quelli grandi, sia quelli medi, sia quelli infimi, il libero arbitrio della volontà trova posto fra i medi, in quanto se ne può fare anche un uso cattivo; e tale sua classificazione è valida anche se esso è tale che, ove venga a mancare, è impossibile tenere una corretta condotta di vita. Il suo buon uso però è già una virtù che fa parte dei grandi beni dei quali nessuno può far cattivo uso. E poiché, come si è detto, tutti i beni, sia quelli grandi, sia quelli medi, sia quelli infimi, derivano da Dio, se ne conclude che da Dio deriva anche il buon uso della libera volontà che è una virtù ed è annoverato fra i grandi beni. Quindi si è detto: possa la grazia divina liberarci da quale infelicità, anche se inflitta ai peccatori con somma giustizia, possa la grazia divina liberarci: è un fatto che l'uomo poté di sua iniziativa cadere in conseguenza del libero arbitrio, ma non allo stesso modo risorgere. A questa infelicità di una giusta condanna si riferisce l'ignoranza e la difficoltà di cui è vittima l'uomo fin dal momento della nascita, né alcuno può essere liberato da questo male senza l'intervento della grazia divina. Negando il peccato originale i Pelagiani escludono che questa infelicità possa discendere da una giusta condanna. Pur tuttavia, anche nel caso che ignoranza e difficoltà fossero ascrivibili alla originaria natura dell'uomo, non per questo Dio sarebbe da incolpare, ma piuttosto da lodare, come risulta dalla discussione contenuta nel terzo libro. La discussione contenuta nell'opera in questione va intesa come rivolta contro i Manichei i quali non accettano le Sacre Scritture comprese nell'Antico Testamento contenente il racconto del peccato originale, e sostengono che quanto si legge al riguardo nelle Lettere degli Apostoli vi sarebbe stato introdotto con detestabile impudenza dai corruttori delle Scritture, quasi che gli Apostoli non ne avessero punto parlato. Contro i Pelagiani invece occorre difendere ciò che raccomandano entrambe le Scritture ch'essi affermano di accettare.

X (IX) – La Genesi difesa contro i Manichei, due libri

10.1 Quando mi ero stabilito già in Africa scrissi due libri in difesa de La Genesi contro i Manichei. L'intento di oppormi ai Manichei non era estraneo ai libri precedenti ed era già presente in tutte le mie discussioni miranti a dimostrare che Dio nella sua suprema bontà e immutabilità è il creatore di tutte le nature soggette a mutamento e che nessuna natura o sostanza è cattiva in quanto natura o sostanza. Questi due libri però furono scritti espressamente contro costoro a difesa dell'Antica Legge ch'essi attaccano con la veemente passione suscitata in loro da un folle errore. Il primo dei due libri prende avvio dalle parole: In principio Dio creò il cielo e la terra, e prosegue per sette giorni fino al punto in cui è detto che nel settimo giorno Dio si riposò. Il secondo parte dalle parole: Questo è il libro della creazione del cielo e della terra, e continua fino alla cacciata di Adamo e della sua donna dal Paradiso ed alla collocazione di una guardia a difesa dell'albero della vita. Alla fine del libro ho contrapposto la fede della verità cattolica all'errore dei Manichei e ho esposto brevemente, ma con molta chiarezza, le loro e le nostre posizioni.

10.2 Ho detto: Quella luce non nutre gli occhi degli uccelli privi di ragione, ma i cuori puri di coloro che credono in Dio e si volgono dall'amore delle realtà visibili e temporanee verso l'adempimento dei suoi precetti; e questo è in potere di tutti gli uomini, qualora lo vogliano. Non credano però i nuovi eretici seguaci di Pelagio che la frase sia stata detta nel senso che intendono loro. È senz'altro vero che tutti gli uomini possono farlo, qualora lo vogliano, ma la loro volontà vien preparata dal Signore e riceve un tale incremento dal dono dell'amore da metterli in grado di farlo. Non ho fatto allora questa precisazione perché non necessaria a chiarire il tema al momento in discussione. Nel mio scritto si legge altresì che la benedizione del Signore espressa con le parole: Crescete e moltiplicatevi, si trasformò, dopo il peccato, in fecondità carnale. Non sono però assolutamented'accordo se si intendono queste mie parole unicamente nel senso che gli uomini non avrebbero avuto figli se non avessero peccato. La constatazione poi che ci sono sia quadrupedi sia volatili, che si nutrono solo di carni, non implica come logica conseguenza che si debba interpretare in senso esclusivamente allegorico quanto si legge nel libro della Genesi, che cioè ad ogni genere di animali e a tutti gli uccelli e a tutti i serpenti vengono forniti, perché possano nutrirsi, erbe fresche e alberi da frutto. Tali animali infatti avrebbero potuto esser nutriti dagli uomini anche coi frutti della terra qualora essi, servendo Dio in perfetta innocenza, avessero meritato, come corrispettivo di tale obbedienza, la totale sottomissione al loro volere di tutte le bestie e di tutti i volatili. Allo stesso modo può meravigliare il modo col quale mi sono espresso a proposito del popolo d'Israele quando ho affermato che quel popolo serviva ancora la legge con la pratica materiale della circoncisione e con i sacrifici, come se si trovasse nel mare dei pagani. In realtà gli Israeliti non avrebbero potuto sacrificare fra i pagani: anche oggi possiamo constatare che non seguono la pratica dei sacrifici, a meno che non si consideri un sacrificio l'uccisione di un agnello in occasione della Pasqua.

10.3 Nel secondo libro non mi sembra congruente l'affermazione che il termine nutrimento potrebbe simboleggiare la vita; i codici che ci hanno trasmesso la traduzione migliore recano fieno e non nutrimento e il termine fieno si adatta assai meno di nutrimento a simboleggiare la vita. Non mi sembra, inoltre, di aver correttamente denominato parole profetiche quelle contenute nel passo della Scrittura che suona: Perché insuperbiscono la terra e la cenere?. Trattasi di un'espressione che non si legge nel libro di un autore al quale siam certi che spetti il nome di profeta. Non ho neppure esattamente inteso il senso del passo dell'Apostolo nel quale egli adduce le parole della Genesi: Il primo uomo, Adamo, fu creato come anima vivente. L'errore l'ho fatto nel commentare le parole, sempre della Genesi: Dio soffiò sul suo volto il soffio della vita e l'uomo fu creato come anima viva o anima vivente. In realtà l'Apostolo aveva addotto quel passo per dimostrare che il corpo umano è fornito di anima, io invece, partendo da quello da me citato, pensavo di poter dimostrare che in principio tutto l'uomo, e non solo il corpo dell'uomo, fu fornito di anima. Ho anche detto che nessuna natura riceve un danno che provenga da peccati non suoi, e l'ho detto in quanto chi fa del male a un giusto non lo fa a lui, che anzi aumenta il suo compenso nei cieli; lo fa invece concretamente a se stesso poiché, in conseguenza della sua volontà di nuocere, riceverà il male che ha fatto. I Pelagiani – inutile dirlo – possono interpretare questa affermazione nel senso da loro voluto e sostenere che i peccati altrui non hanno danneggiato i bambini in quanto sono stato io ad affermare che nessuna natura può ricevere un danno che non provenga da peccati non suoi. Essi però non considerano che i bambini – i quali in ogni caso appartengono alla natura umana – ereditano il peccato originale in quanto fu la natura umana a peccare nei primi uomini: è esatto pertanto dire che nessuna natura riceve un danno che non provenga dai suoi peccati. Sappiamo infatti che fu a causa di un sol uomo, nel quale tutti peccarono, che il peccato entrò nel mondo. Non ho infatti detto che nessun uomo, ma che nessuna natura riceve un danno che provenga da peccati non suoi. I Pelagiani potrebbero anche rifugiarsi nell'affermazione da me fatta poco dopo che non esiste un male naturale. Intendevamo però riferirci alla natura quale era all'inizio, senza difetto alcuno, ed in realtà è quella la natura che vien propriamente definita natura dell'uomo. Noi invece ci serviamo del termine natura in senso metaforico per designare l'uomo qual è alla sua nascita. Ed è in questa chiave che s'esprime l'Apostolo dicendo: Siamo stati anche noi un tempo per natura figli dell'ira come tutti gli altri.

XI (X) – La musica, sei libri

11.1 In seguito, come ho già ricordato, ho scritto sei libri su La musica. Di questi è stato soprattutto il sesto ad ottenere notorietà, data la dignità del tema in esso affrontato. Vi si descrive infatti come dai ritmi corporei e da quelli spirituali, ma mutevoli, si giunge a quelli immutabili, che già si trovano nella stessa immutabile verità e come, per conseguenza,attraverso le creature, vengono comprese e conosciute le realtà invisibili relative a Dio. Ma vi si dice anche che coloro che non possono fare questa esperienza, e pur tuttavia vivono della fede in Cristo, addivengono dopo questa vita alla contemplazione di quelle verità con maggiore certezza e provando una gioia più grande. Coloro invece che sono in grado di farla, se manca loro la fede in Cristo, che è l'unico Mediatore fra Dio e gli uomini, sono destinati a perire con tutta la loro sapienza.

11.2 In questo libro ho detto: I corpi tanto più si avvantaggiano in dignità quanto più fruiscono di tali ritmi; l'anima invece trae vantaggio proprio dalla mancanza di questi ritmi, che riceve per tramite del corpo, tutte le volte che si affranca dai sensi della carne e si lascia informare dai ritmi divini della Sapienza. Queste parole non vanno però intese nel senso che i ritmi corporei non sussisteranno più nei corpi spirituali e incorruttibili, in quanto questi saranno molto più belli e armoniosi; e neppure si deve pensare che l'anima, giunta al massimo della perfezione, non avvertirà più quei ritmi dalla cui mancanza oggi trae vantaggio. In questa vita occorre che si affranchi dai sensi della carne per recepire le realtà intelligibili, e ciò avviene per la sua debolezza e per la sua incapacità a volgersi con uguale intensità ad entrambe le realtà. Rimanendo inoltre in una dimensione dominata dalla materia l'anima deve guardarsi dai rischi della seduzione per tutto il tempo in cui può essere stornata verso un piacere indecoroso. Nell'altra vita invece si rafforzerà e perfezionerà a tal punto che i ritmi legati alla materia non potranno più stornarla dalla contemplazione della Sapienza e li avvertirà senza esserne sedotta, ma anche senza avvantaggiarsi della loro mancanza. Tale sarà il suo grado di bontà e di rettitudine che tali ritmi non le sfuggiranno e, al tempo stesso, non la domineranno.

11.3 Ho anche detto: Questo stato di salute raggiungerà il massimo di consistenza e di certezza quando, in un tempo e secondo un ordine stabilito, questo corpo sarà restituito alla sua originaria stabilità· Non si deve intendere però con questo che dopo la risurrezione i nostri corpi non sopravanzeranno quelli dei primi uomini collocati nel paradiso. Basti pensare che, a differenza di questi ultimi, i corpi risuscitati non avranno più bisogno di alimenti di cui nutrirsi. La stabilità originaria va invece intesa nel senso che quei corpi non soffriranno più alcuna affezione dolorosa, così come non avrebbero potuto soffrirla gli uomini nati prima del peccato.

11.4 Ho anche detto in un altro passo: L'amore di questo mondo è fonte di maggiore affanno. Ciò che in esso l'anima cerca, l'eternità e la stabilità, non riesce a trovarlo: la bellezza di quaggiù trova il suo limite nel fluire delle cose e ciò che in esso imita la stabilità è trasmesso da Dio per tramite dell'anima, in quanto la bellezza che muta soltanto nel tempo precede quella che muta a seconda del tempo e dello spazio. Se possiamo intendere queste parole nel senso che per bellezza di quaggiù s'intende solo quella dei corpi degli uomini e degli animali che vivono fruendo del senso corporeo, l'affermazione risulta manifestamente conforme a ragione. Ciò che in questo tipo di bellezza imita la stabilità è il fatto che questi medesimi corpi conservano la loro struttura finché sussistono, una peculiarità che viene loro trasmessa dal sommo Iddio per tramite dell'anima. È l'anima che conserva tale struttura evitando che si dissolva e svanisca, il che è proprio quello che constatiamo nei corpi degli animali quando l'anima se ne allontana. Se però si deve intendere che la bellezza di quaggiù è presente in tutti i corpi, questa affermazione ci costringe a credere che il mondo stesso sia animato e che ciò che in esso imita la stabilità vi sia stato immesso dal sommo Iddio per tramite dell'anima. Ma che codesto mondo sia un essere vivente, come hanno ritenuto Platone e moltissimi altri filosofi, non ho potuto appurarlo con certezza né mi risulta che ce ne possa convincere l'autorità delle divine Scritture. Ho perciò definito avventata una consimile affermazione che mi è occorso di fare nel libro su L'immortalità dell'anima e che può essere interpretata in questo senso. Ciò però non significa che giudichi falsa questa dottrina, ma solo che non riesco neppure a convincermi che il mondo sia veramente un essere vivente. Non ho dubbi però che una cosa si debba dare per certa, che non è un dio codesto mondo, sia che possegga un'anima, sia che non la possegga. Se la possiede è stato certamente il nostro Dio a crearla; in caso contrario codesto dio non può essere di nessuno, né tanto meno il nostro. Anche però nel caso che il mondo non sia un essere vivente, è perfettamente legittimo credere che vi sia una potenzialità spirituale e vitale, una potenzialità che nei santi angeli è al servizio di Dio al fine di conferire al mondo bellezza e ordine e che ad essi stessi rimane incomprensibile. Intenderei qui designare con l'espressione angeli santi ogni santa creatura d'ordine spirituale impegnata nell'occulto e misterioso servizio di Dio. Ma non è nell'uso della Sacra Scrittura ricorrere al termine anima per indicare gli spiriti angelici. E veniamo a quanto ho detto verso la fine di questo libro: I ritmi razionali e intelligibili propri delle anime sante e beate accolgono in sé, senza intermediari, la stessa legge divina senza la quale non cade foglia dall'albero e dalla quale è fissato il numero dei nostri capelli e la trasmettono all'ordine giuridico che domina la terra e gli inferi. Non vedo come il termine anime possa trovare una giustificazione sulla base delle Sacre Scritture, dal momento che in questo passo non intendevo riferirmi se non agli angeli a proposito dei quali non ricordo di aver mai letto nei testi canonici che abbiano un'anima.

XII (XI) – Il maestro, un libro

12 Nel medesimo periodo scrissi un libro intitolato Il maestro. In esso si discute, si indaga e si scopre che il maestro che insegna la scienza all'uomo altro non è se non Dio, secondo quanto è scritto nel Vangelo: L'unico vostro maestro è Cristo· Questo libro incomincia così: Che cosa ti sembra che noi intendiamo fare quando parliamo?

XIII (XII) – La vera religione, un libro

13.1 Allora scrissi anche un libro su La vera religione. Nella discussione ivi contenuta si dimostra con svariate e numerose argomentazioni che con la vera religione si deve onorare l'unico vero Dio: Padre, Figlio e Spirito Santo; si mette inoltre in evidenza con quale suo grande atto di misericordia la religione cristiana, che è la vera religione, sia stata concessa agli uomini attraverso un disegno legato alla temporalità e si illustra come l'uomo debba essere predisposto al medesimo culto di Dio mediante una ben definita condotta di vita. Questo libro però parla soprattutto contro le due nature dei Manichei.

13.2 In un passo di questo libro ho detto: Abbi per certo e per acquisito che non avrebbe potuto esserci alcun errore nella religione se l'anima non onorasse, in luogo del suo Dio, un'anima o un corpo o delle creazioni della sua immaginazione· In questo caso ho usato il termine anima per indicare una qualsiasi creatura incorporea. Non ho però seguito l'uso delle Scritture che, ove non ne facciano un uso traslato, sembrano ricorrere a quel termine per indicare il principio vitale degli animali mortali dei quali fanno parte anche gli uomini finché sono mortali. Poco dopo ho espresso in forma migliore e più breve il medesimo concetto con le parole: Non poniamoci al servizio della creatura in luogo del Creatore·e non perdiamoci nei nostri vani pensieri·se così facciamo la nostra religiosità raggiunge la perfezione. Col medesimo termine ho indicato entrambe le creature, sia quella spirituale, sia quella materiale. Resta l'espressione: creazioni della sua immaginazione, che spiega perché nel nuovo passo ho detto: e non perdiamoci nei nostri vani pensieri.

13.3 Ho anche detto: Questa è, ai nostri tempi, la religione cristiana conoscendo e seguendo la quale si ottiene la salvezza col massimo di sicurezza e di certezza. Mi sono espresso così facendo riferimento al nome e non alla realtà ch'esso designa. In effetti quella che ora prende il nome di religione cristiana, esisteva già in antico e non fu assente neppure all'origine del genere umano, finché venne Cristo nella carne. Fu allora che la vera religione, che già esisteva, incominciò ad essere chiamata cristiana. Quando, dopo la risurrezione e l'ascensione in cielo, gli Apostoli incominciarono a predicare il Cristo e moltissimi divennero credenti, fu ad Antiochia che per la prima volta, come è scritto, i suoi discepoli furono chiamati "·Cristiani·"·. Per questo ho detto: Questa è ai nostri tempi la religione cristiana, non perché un tempo non esistesse, ma perché più tardi prese questo nome.

13.4 In un altro passo ho detto: Concentrati, con la maggiore attenzione e pietà possibile, su quanto dirò, è a chi segue tale linea che Dio porge il suo aiuto. L'affermazione non va però intesa nel senso che Dio aiuti solo costoro e non anche quelli che hanno un diverso comportamento; e li aiuta per far sì che siano anch'essi come i primi, perché si impegnino nella ricerca con diligenza e pietà. Quanto ai primi li aiuta perché riescano a trovare. Ho anche detto in un altro passo: Ne deriverà quindi che, dopo la morte del corpo, che dobbiamo al primo peccato, il nostro corpo, a suo tempo e secondo l'ordine che gli è proprio, sarà restituito alla stabile condizione che aveva all'origine. L'affermazione va intesa nel senso che l'originaria, stabile condizione del nostro corpo, che abbiam perso col peccato, era così vantaggiosa da non subire il decadimento della vecchiaia. A questo stato originario il nostro corpo sarà restituito al momento della risurrezione dei morti. Ma avrà in più il vantaggio di non doversi sostenere con alimenti materiali: a lui basterà per alimentarsi essere vivificato dal solo spirito, una volta che sarà risuscitato come spirito datore di vita· ed allora sarà anche spirituale. Quello che fu il primo corpo, benché non fosse destinato a morire, qualora l'uomo non avesse peccato, fu invece creato animale, vale a dire come anima vivente.

13.5 E ancora: Ora il peccato è un male talmente legato alla volontà che in nessun modo potrebbe essere peccato se non fosse volontario· Questa definizione può sembrare falsa, ma, a ben esaminarla, si rivela verissima. Bisogna qui pensare a quel peccato che è solo peccato, non a quello che è anche punizione del peccato, come ho dimostrato in precedenza nel ricordare alcune espressioni tratte dal terzo libro del mio scritto su Il libero arbitrio Eppureanche quelli che non senza ragione son detti peccati involontari, perché perpetrati per ignoranza o costrizione, non possono in ogni caso essere commessi senza l'intervento della volontà: anche chi pecca per ignoranza, pecca comunque volontariamente, in quanto ritiene di dover fare ciò che non va fatto. E anche chi, per la violenza esercitata dalla concupiscenza della carne contro lo spirito, non fa ciò che vuole, dà sfogo alla sua concupiscenza senza volerlo e, in tale condizione, non fa ciò che vuole; se però si lascia vincere, ciò significa che acconsente volontariamente alla concupiscenza e non fa, in tal caso, se non ciò che vuole, non vincolato alla giustizia e schiavo del peccato· E anche quello che nei bambini è detto peccato originale, benché essi non fruiscano ancora del libero arbitrio della volontà, non è assurdo chiamarlo volontario in quanto, una volta contratto a causa del primo cattivo uso della volontà da parte dell'uomo, è divenuto, in certo qual modo, ereditario. Non è dunque falso quanto ho detto: Il peccato è un male talmente legato alla volontà che in nessun modo potrebbe essere peccato se non fosse volontario. È in virtù della grazia divina che non solo vien cancellata la colpa dei peccati passati in tutti coloro che vengono battezzati in Cristo, il che avviene per l'azione dello Spirito di rigenerazione, ma anche negli adulti vien sanata la stessa volontà e vien predisposta da Dio, il che si deve allo spirito di fede e di carità.

13.6 In un altro passo in cui ho detto del Signore Gesù Cristo che non operò nulla con la violenza, ma tutto con la persuasione e l'ammonizione· non mi ero ricordato che cacciò dal tempio con la frusta i venditori e i compratori· Ma qual è la sostanza e l'effettiva portata di tale episodio (anche se è vero che cacciò, loro malgrado, i demoni dagli uomini non con parole persuasive, ma con la forza del suo potere)? E in un altro passo: Bisogna in primo luogo seguire coloro che ritengono che l'unico Dio supremo sia anche l'unico vero e l'unico degno di culto. Se poi in loro non dovesse risplendere la verità, ci si dovrebbe rivolgere altrove. Potrà sembrare che io mi sia espresso così quasi che dubitassi della verità di questa religione. In realtà ho usato quelle parole perché si addicevano a colui al quale al momento mi stavo rivolgendo. Ho detto infatti così: Se poi in loro non dovesse risplendere la verità, senza avere il minimo dubbio ch'essa risplende di fatto in loro. Anche l'Apostolo dice: Se Cristo non è risuscitato·, ma non certo perché dubiti che la risurrezione sia avvenuta.

13.7 È certamente vero quanto ho scritto: Non si è permesso che quegli straordinari miracoli si protraessero fino ai nostri tempi, per evitare che l'anima cercasse sempre segni visibili e che il genere umano, che si era esaltato per la straordinarietà di quei fatti, diminuisse la tensione a causa dell'abitudine·. Oggi non accade più, quando si impone la mano ai battezzati, ch'essi ricevano lo Spirito Santo unitamente alla facoltà di esprimersi nelle lingue di tutti i popoli. Neppure accade più che i malati riacquistino la salute se sfiorati dall'ombra provocata dal passaggio dei predicatori di Cristo. E ciò vale per tutti gli altri fatti di allora che, come si sa, non si sono più verificati. Ma quanto ho detto non va certo inteso nel senso di escludere che oggi si verifichino dei miracoli in nome di Cristo. Io stesso, nel tempo in cui attendevo alla stesura di questo libro, ero venuto a conoscenza di un cieco che aveva riacquistato la vista a Milano, vicino ai corpi dei martiri di quella città e sapevo di altri fatti del genere di quelli che anche oggi si verificano in così gran numero che non possiamo né conoscerli tutti né contare quelli che conosciamo.

13.8 In un altro passo ho detto: Come dice l'Apostolo: "·Ogni ordine deriva da Dio·". In realtà l'Apostolo non si è espresso con queste parole, anche se il senso risulta identico. Le esatte parole da lui pronunciate sono: Tutto ciò che esiste è ordinato da Dio. Altrove ho detto: Nessuno ci inganni: ciò che è con giusta ragione biasimato, vien respinto al paragone con ciò che è meglio. L'affermazione riguardava le nature e le sostanze: queste erano infatti l'oggetto della disputa, non le buone azioni e i peccati. Così pure in un altro passo ho detto: Un uomo non deve essere amato da un altro uomo alla stregua dei fratelli di sangue, o dei figli, o dei coniugi, o di coloro che sono fra loro parenti o affini o concittadini: si tratta anche in questo caso di forme di affetto limitate nel tempo. E noi non avremmo questo tipo di relazioni che ci riguarda in conseguenza della nascita o della morte se la nostra natura si fosse conservata ligia ai precetti e coerente con l'immagine di Dio e non fosse caduta nel presente stato di corruzione. Per parte mia disapprovo del tutto questa posizione come ho già fatto a proposito del primo libro de La Genesi difesa contro i Manichei. Essa conduce alla conclusione che quella prima coppia non avrebbe generato altri uomini se non avesse peccato, quasi che dall'unione di un uomo e di una donna dovessero nascere di necessità creature destinate a morire. Non avevo ancora considerato la possibilità che da creature immortali potessero nascere altre creature immortali, ove la natura umana non si fosse corrotta in conseguenza di quel grave peccato. Non avevo supposto che, permanendo in genitori e figli una favorevole disposizione a generare, gli uomini potessero moltiplicarsi fino a raggiungere un numero di santi pari a quelli predestinati da Dio e che gli uomini potessero nascere non per succedere ai loro genitori quando sopravvenisse la morte, ma per regnare assieme a loro in vita. Se nessuno avesse peccato, ci sarebbero stati ugualmente questi rapporti di parentela e affinità e nessuno morirebbe.

13.9 In un altro passo ho detto: Volgendoci all'unico Dio e legando a lui solo le nostre anime – di qui si ritiene che derivi il termine religione – teniamoci al sicuro da ogni superstizione. In queste mie parole è espressa l'etimologia del termine religione che più mi soddisfaceva. So che autorevoli studiosi della lingua latina hanno proposto per questo vocabolo un'altra origine, supponendo che religio sia detto così perché religitur [è rieletto, scelto di nuovo]. Questo verbo è un composto di legere, cioè eligere [eleggere, scegliere], sì che in latino religere equivale a eligere [eleggere].

XIV (XIII) – Sull'utilità di credere, a Onorato, un libro

14.1 Quando ero già sacerdote ad Ippona scrissi un libro su L'utilità di credere. Ne era destinatario un mio amico che sapevo irretito dai Manichei e ancora invischiato in quell'errore. Per lui nella disciplina imposta dalla fede cattolica era oggetto di riso che agli uomini fosse ordinato di credere senza che venisse loro insegnato con solidi argomenti quale fosse la verità. In questo libro ho detto: Nei precetti e nei comandamenti della legge ai quali, nel tempo presente, non è lecito al cristiano attenersi, quali o il sabato o la circoncisione o i sacrifici e altre consimili imposizioni, sono contenuti misteri così grandi che chiunque abbia sentimento religioso comprende che non v'è nulla di più dannoso che interpretare alla lettera, cioè parola per parola, il contenuto di quelle leggi, nulla di più salutare che farlo rivelare dallo Spirito. Di qui il detto: "·La lettera uccide, lo Spirito dà la vita·". Ho spiegato diversamente queste parole dell'apostolo Paolo nel libro intitolato Lo spirito e la lettera e quella spiegazione, per quanto sembra a me o, piuttosto, per quanto emerge dalle cose stesse, è più adeguata. Anche però quella che si dà qui non è da respingere.

14.2 Ho anche detto: Due sono le categorie di persone che meritano lode in fatto di religione. L'una è quella di coloro che hanno già trovato e che si debbono necessariamente giudicare i più felici. All'altra appartengono quelli che conducono la loro ricerca con grande impegno ed onestà. I primi sono già pervenuti al possesso dell'oggetto della loro aspirazione, gli altri sono in cammino, ma seguono un percorso che permette di giungere con assoluta certezza alla mèta. Se queste mie parole vanno intese nel senso che coloro che han già trovato e che abbiamo detto essere giunti al possesso, debbono essere considerati i più felici, non in quanto già lo sono in questa vita, ma lo saranno in quella che è nelle nostre speranze e alla quale tendiamo attraverso la via della fede, non c'è errore nella mia affermazione. Si deve infatti ritenere che a trovare ciò che va ricercato siano stati coloro che già dimorano dove noi desideriamo giungere cercando e credendo, seguendo cioè la via della fede. Se invece si ritiene che costoro siano felici o lo siano stati in questa vita, non mi sembra che sia questa la verità. Ed affermo questo non perché durante questa vita non vi sia alcuna verità che sia comprensibile dalle nostre facoltà intellettuali, e non oggetto di sola fede, ma perché tale verità, quale che sia, non può fornire il massimo di felicità a chi la possiede. Né si può dire che per la nostra mente rimanga incomprensibile l'oggetto dell'espressione dell'Apostolo: Ora vediamo attraverso uno specchio, confusamente come in un enigma, o dell'altra: Ora solo in parte. È certamente comprensibile, ma non conferisce ancora il massimo della felicità. A concedere il massimo della felicità è la situazione espressa nelle parole: allora faccia a faccia, e: allora conoscerò allo stesso modo in cui sono conosciuto. Di coloro che hanno sperimentato tale situazione si può veramente dire che sono in possesso della felicità alla quale ci conduce il cammino di fede che percorriamo e che costituisce il punto d'arrivo che desideriamo raggiungere credendo. Molto però si discute sull'individuazione delle creature al massimo della felicità che già posseggono ciò cui tende questa nostra via. Che già si trovino in tale situazione gli angeli santi non è oggetto di controversia. La questione invece riguarda giustamente gli uomini santi già defunti, dei quali ci si chiede se debbano essere considerati fruitori di quel possesso. Già sono stati liberati dal corpo corruttibile, che è un peso per l'anima, ma ancoraattendono, anche loro, la redenzione del proprio corpo, mentre la loro carne si acqueta nella speranza, ma non risplende ancora nel futuro stato di incorruttibilità. Non è però questa la sede per discutere e indagare se da questa loro condizione possa derivare un qualche impedimento a contemplare la verità con gli occhi del cuore e, secondo quanto è detto,faccia a faccia. Allo stato di felicità di cui s'è detto va riferita anche l'altra mia affermazione: È motivo di grandissima felicità conoscere tutto quanto è grande, degno d'onore o anche divino. In questa vita, quale che sia l'estensione di tale conoscenza, si è ancora ben lontani dal massimo della felicità in quanto incomparabilmente più ampia del noto è la dimensione dell'ignoto.

14.3 Consideriamo quanto ho detto: C'è molta differenza fra il tenere per certa una verità sulla base di una precisa argomentazione del pensiero – un procedimento che denominiamo sapere per scienza – e l'affidarla alla tradizione orale o agli scritti perché i posteri, credendo ad essa, ne siano avvantaggiati. E consideriamo anche ciò che ho detto poco dopo: Ciò che sappiamo per scienza lo dobbiamo alla ragione, ciò che crediamo all'autorità. Orbene, non si pensi che con affermazioni siffatte abbiamo inteso esprimere il timore che nel nostro comune modo di esprimerci si dica di avere scienza di qualcosa cui in realtà si crede soltanto sulla base di adeguate testimonianze. Quando ci esprimiamo secondo una rigorosa proprietà di linguaggio diciamo di avere scienza solo di ciò che comprendiamo attraverso una solida argomentazione mentale. Quando invece ricorriamo a espressioni più vicine all'uso corrente, che è poi il linguaggio della divina Scrittura, non esitiamo a dichiarare di avere scienza sia di ciò che percepiamo attraverso i sensi del nostro corpo, sia di ciò che crediamo sulla base di testimoni degni di fede, pur comprendendo la differenza che c'è fra i due tipi di conoscenza.

14.4 Ho anche detto: È un principio non soggetto a dubbio che tutti gli uomini sono o stolti o saggi. L'affermazione potrebbe sembrare in contrasto con quanto si legge nel terzo libroSul libero arbitrio: Quasi che la natura umana non fosse in grado di tenere un atteggiamento intermedio fra la stoltezza e la saggezza. In realtà questo è stato detto al momento in cui ci si chiedeva, a proposito del primo uomo, se fosse stato creato saggio o stolto o non contemplasse, in origine, nessuna delle due tipologie. Non potevamo infatti in nessun modo definire stolto chi era stato creato senza difetto – mentre grave difetto è la stoltezza – e d'altra parte non risultava abbastanza chiaro come potessimo definire saggia una creatura che poté essere sedotta. È per questo che, per riassumere, ho deciso di dire: Quasi che la natura umana non fosse in grado di tenere un atteggiamento intermedio fra la stoltezza e la saggezza. Mi rendevo conto che anche dei bambini, che dobbiamo ammettere abbiano contratto il peccato originale, non possiamo dire che siano né saggi né stolti, visto che non fruiscono né in bene né in male del libero arbitrio. Dicendo in questo passo che gli uomini sono o stolti o saggi ho voluto che l'affermazione s'intendesse riferita a quelli che già fruiscono della ragione, la facoltà che distingue gli uomini dagli animali. E' nello stesso senso che noi diciamo che tutti gli uomini vogliono essere felici. Forse che nel fare questa affermazione così vera ed evidente dobbiamo temere che vengano implicati anche i bambini che ancora non possono avere questa aspirazione?

14.5 In un altro passo, dopo aver ricordato che le azioni miracolose compiute dal Signore quando dimorava in un corpo di carne, ho aggiunto queste parole: Perché, si dirà, questi fatti non accadono più? Ed ho risposto: Perché non desterebbero meraviglia se non fossero straordinari, mentre se rientrassero negli eventi consueti, non desterebbero più meraviglia. Ho detto questo poiché non si danno più né fatti così imponenti né in così gran numero e tutti assieme, non perché non se ne verifichino di simili anche oggi.

14.6 Ho detto alla fine del libro: Poiché questo nostro discorso si è protratto oltre i limiti che mi aspettavo, è giunto il momento di por fine al libro. Voglio però tu tenga presente che in esso non ho ancora incominciato a confutare i Manichei e non mi sono ancora gettato sulle loro sciocchezze né ho detto qualcosa di importante sulla stessa Chiesa cattolica. Ho solo voluto scalzare da te, ove mi fosse possibile, la falsa opinione sui veri Cristiani che ci è stata insinuata con malizia o per ignoranza e di elevarti alla conoscenza di verità sublimi e divine. Questo volume resti dunque qual è. Quando il tuo animo sarà più sereno, io sarò forse più disponibile per spiegarti tutto il resto. Non avevo affermato questo volendo dare ad intendere che non avevo ancora scritto nulla contro i Manichei o che nulla avevo affidato ai miei scritti che riguardasse la dottrina cattolica. Al contrario i tanti volumi da me precedentemente pubblicati testimoniano che da parte mia non era stato passato sotto silenzio né l'uno né l'altro tema. È in questo libro indirizzato a lui che

non avevo ancora incominciato a confutare i Manichei e non mi ero ancora gettato sulle loro sciocchezze né avevo detto qualcosa di importante sulla stessa Chiesa Cattolica. Speravo, dopo questo inizio, di mettere per iscritto per lui quanto in quest'opera non avevo ancora scritto.

XV (XIV) – Le due anime, contro i Manichei, un libro

15.1 Dopo questo libro, mentre ero ancora semplice sacerdote , scrissi contro i Manichei trattando delle due anime. Di queste affermano che l'una sarebbe una parte di Dio, l'altra deriverebbe dalla stirpe delle tenebre, una realtà che non rientrerebbe nel novero delle creature di Dio e sarebbe a lui coeterna. Vanno anche dicendo nel loro delirio che entrambe queste anime, delle quali l'una buona e l'altra malvagia, coesisterebbero in uno stesso uomo, affermano cioè che cotesta anima malvagia sarebbe propria della nostra componente carnale – componente che, sempre a loro dire, apparterrebbe alla stirpe delle tenebre – mentre quella buona sarebbe costituita da una parte, sopravvenuta dall'esterno, della stessa sostanza divina che sarebbe entrata in contrasto con la stirpe delle tenebre e risulterebbe unita e mescolata alla prima. Di qui l'attribuzione di tutti i beni dell'uomo all'anima buona e di tutti i mali a quella malvagia. In questo libro ho scritto: Non esiste alcuna vita, qualunque essa sia, che per il fatto stesso di essere vita e in quanto è veramente vita, non si ricolleghi alla suprema fonte ed origine della vita. Ho affermato questo perché si intenda che la vita, in quanto creatura, si ricollega al suo Creatore, non già che tragga origine da lui come sua parte.

15.2 Ho anche detto che non v'è peccato se non

nella volontà. I Pelagiani possono pensare che questa affermazione sia a loro favore in considerazione dei bambini non ancora in grado di usare del libero arbitrio della volontà che perciò, a loro dire, sarebbero esenti dal peccato che vien loro rimesso nel battesimo. Ma affermare questo è come sostenere che il peccato – quel peccato che i bambini, a nostro avviso, hanno ereditato da Adamo e per il quale risultano implicati nel suo delitto e, per conseguenza, soggetti a pena – possa essersi verificato in qualcosa di diverso dalla volontà, la volontà con la quale fu commesso quando si verificò la trasgressione del comandamento divino. La nostra affermazione che non v'è peccato se non nella volontà può anche essere ritenuta falsa, ove si considerino le parole dell'Apostolo: Se faccio proprio ciò che non voglio, non sono più io ad agire, ma il peccato che abita in me. A tal punto questo peccato è estraneo alla volontà da indurre l'Apostolo a dichiarare: Faccio proprio ciò che non voglio. In che senso dunque non ci sarebbe peccato se non nella volontà? Va però considerato che questo peccato del quale l'Apostolo ha parlato in tali termini prende il nome di peccato per la ragione che è determinato dal peccato e ne costituisce la punizione. In realtà ciò di cui qui si parla è la concupiscenza della carne, come l'Apostolo stesso chiarisce subito dopo dicendo: So che in me, cioè nella mia carne, non alberga il bene: ho infatti la possibilità di volere, ma non di fare il bene. La compiuta realizzazione del bene consiste nell'assenza dall'uomo della stessa concupiscenza del peccato, quella concupiscenza cui la volontà si oppone quando si conduce una vita retta. Non attua però completamente il bene perché c'è ancora in lui la concupiscenza cui s'oppone la volontà. La colpa legata a tale concupiscenza viene mondata nel battesimo, ma resta la debolezza con la quale ogni fedele ben avviato sulla via della perfezione tenacissimamente lotta fino a completa guarigione. Quanto al peccato che non esiste se non nella volontà si deve intendere con esso soprattutto quello cui ha fatto seguito una giusta condanna: trattasi in realtà di quello che è entrato nel mondo per colpa di un solo uomo. Eppure anche questo peccato, in conseguenza del quale si dà l'assenso alla concupiscenza del peccato, non vien commesso se non nella volontà. Per questo anche in un altro passo ho detto: Non si può dunque peccare se non volontariamente.

15.3 In un altro passo così ho definito la stessa volontà: La volontà è un impulso dell'anima a non perdere o a conseguire qualcosa senza alcuna costrizione. Mi ero espresso così perché con tale definizione si stabilisse una distinzione fra l'azione volontaria e quella involontaria e si facesse riferimento a coloro che per primi nel paradiso costituirono per il genere umano l'origine del male. A ciò essi giunsero peccando senza che nessuno li costringesse, peccando cioè liberamente e volontariamente. Lo dimostra il fatto che non solo agirono scientemente contro un ordine ricevuto, ma colui che li tentò (perché ciò avvenisse) lo fece ricorrendo alla persuasione, non alla costrizione. Non sarebbe infatti un'incongruenza considerare peccatore involontario chi compisse un'azione peccaminosa senza essere a conoscenza della sua peccaminosità, anche se, a ben considerare la cosa, non si può dire che chi ha agito senza sapere abbia agito anche senza volere, con la conseguenza che nemmeno il suo peccato poté aver luogo senza l'intervento della volontà. La sua volontà dunque, secondo la definizione che se n'è data, è stata un impulso dell'anima a non perdere o a conseguire qualcosa senza alcuna costrizione. Non fu infatti costretto a fare ciò che avrebbe potuto non fare se l'avesse voluto. Lo ha dunque fatto poiché l'ha voluto, anche se non ha peccato per averlo voluto, visto che ignorava la peccaminosità della sua azione. Neppure a tale peccato perciò fu estranea la volontà, pur trattandosi della volontà di fare e non di peccare; e pur tuttavia quel fare è stato un peccato, dato che s'è fatto ciò che non si sarebbe dovuto fare. Chiunque invece pecca scientemente e, pur potendo resistere senza peccare a chi vorrebbe costringerlo al peccato, non esercita tale resistenza, pecca in ogni caso volontariamente poiché chi può resistere non è costretto a cedere. Chi poi non è in grado di resistere con la sua buona volontà a una passione che lo costringe e perciò agisce contro i comandamenti della giustizia, commette un peccato che lo è a tal punto da essere anche la punizione del peccato. È pertanto perfettamente conforme a verità sostenere che non ci può essere peccato senza volontà.

15.4 Ho anche dato questa definizione del peccato: Peccato è la volontà di conservare o di conseguire ciò che la giustizia vieta e da cui ci si può liberamente astenere. Essa è vera in quanto si limita a definire ciò che è semplicemente peccato, non quella che è anche una punizione del peccato. Quando infatti il peccato è tale da costituire nel contempo anche la punizione del peccato stesso, quale possibilità ha la volontà, posta sotto il dominio della passione, se non quella di chiedere aiuto ove sia intrisa di spirito religioso? In tanto è libera in quanto è stata liberata, e solo a tale patto può essere denominata volontà. Altrimenti sarebbe più corretto chiamarla senz'altro passione, anziché volontà. Questa poi non costituisce, come vanno dicendo i Manichei nella loro follia, l'aggiunta di una natura estranea, bensì un difetto della nostra, difetto del quale può guarirci solo la grazia del nostro Salvatore. Se poi qualcuno afferma che la passione altro non è che la stessa volontà, quando però sia viziosa e schiava del peccato, non c'è da opporsi né da farne una questione di parole, visto che quella è la sostanza : anche in questo modo si dimostra che senza volontà non può esservi peccato, intendendo per peccato sia quello attualmente compiuto sia quello compiuto all'origine.

15.5 Ho anche detto: Avrei potuto chiedermi se quella categoria di anime malvagie avesse avuto una qualche volontà prima di unirsi a quelle buone. Se non ne aveva era senza peccato ed innocente, quindi in nessun modo malvagia. Perché dunque – ci si obietta – parlate del peccato dei bambini dei quali non ritenete colpevole la volontà? Si risponde ch'essi sono ritenuti tali non perché posseggano una volontà, ma per la loro origine. Chi è in effetti, quanto all'origine, ogni uomo che vive sulla terra se non Adamo? Ma Adamo aveva senz'altro una volontà e proprio perché ha peccato con quella volontà il peccato per opera sua è entrato nel mondo.

15.6 Ho anche detto: Le anime non possono in alcun modo essere malvagie per natura. Se ci si chiede come intendiamo, in riferimento con questa nostra affermazione, le parole dell'Apostolo: Eravamo anche noi per natura figli dell'ira come tutti gli altri, rispondiamo che nelle mie parole ho voluto che per natura s'intendesse quella che vien detta natura in senso proprio e nella quale siamo stati creati senza difetto. Quella infatti di cui parla l'Apostolo è detta natura in funzione della sua origine, un'origine comunque corrotta da un difetto che è contro natura. Ho detto inoltre: È segno di somma iniquità e di follia che si consideri qualcuno reo di peccato per non aver fatto ciò che non poteva. Perché dunque – mi si obietta – i bambini sono ritenuti colpevoli? Si risponde: Lo sono in quanto traggono origine da colui che non fece quello che avrebbe potuto fare, rispettare l'ordine divino. Ho poi detto: Qualunque cosa facciano quelle anime, se lo fanno in conseguenza della loro natura e non per volontà, se cioè vien loro a mancare un libero moto dell'anima a fare o a non fare, se infine non viene loro concessa alcuna possibilità di astenersi dalla loro azione, non possiamo in alcun modo considerarle in peccato A questo però non fa difficoltà la questione dei bambini in quanto la loro colpevolezza trae origine da colui che peccò volontariamente quando non gli venne a mancare il libero impulso dell'anima a fare o a non fare e aveva al massimo grado il potere di astenersi da un'azione malvagia. Non è questo che affermano i Manichei della stirpe delle tenebre, che introducono ricorrendo a fandonie, e sostengono che la sua natura è sempre stata malvagia e mai buona.

15.7 Mi si potrà chiedere di chiarire il senso di queste mie parole: Anche ammesso che vi siano delle anime – cosa d'altronde incerta – legate alle operazioni del corpo non in conseguenza del peccato, ma per natura e che, nonostante la loro inferiorità, ci tocchino per una qualche affinità interiore, non converrà considerarle malvagie solo perché lo siamo noi quando le seguiamo e amiamo le cose materiali. La domanda potrebbe essermi rivolta in considerazione del fatto che le mie affermazioni riguardano quelle medesime anime delle quali in precedenza così avevo incominciato a parlare: Ciononostante, anche se si concede loro che noi siamo indotti ad azioni vergognose da un altro genere inferiore di anime, non per questo giungono alla conclusione o che quelle per natura siano malvagie o che queste costituiscano il sommo bene. Di queste ho continuato a discutere fino al passo in cui ho detto: Anche ammesso che vi siano delle anime – cosa d'altronde incerta – legate alle operazioni del corpo non in conseguenza del peccato, ma per natura, con quel che segue. Mi si potrà dunque chiedere perché abbia detto: cosa d'altronde incerta, mentre non avrei dovuto aver dubbi che tali anime non esistono. Ho detto però questo per aver avuto esperienza di persone a sentire le quali il diavolo e i suoi angeli sarebbero buoni nel loro genere e in quella natura nella quale Dio li ha creati così come essi sono secondo il loro rango, mentre per noi sarebbe un male lasciarsi sedurre e vincere da loro, ma motivo di onore e di gloria l'evitarli e l'avere il sopravvento su di loro. E coloro che affermano questo ritengono di poter trarre dalle Scritture testimonianze idonee a provare il loro assunto, come ciò che si legge nel libro di Giobbe laddove è descritto il diavolo:Questa è la prima delle creature plasmate dal Signore che l'ha creata perché fosse lo zimbello dei suoi angeli; o l'altra del Salmo 103: Questo serpente che hai plasmato per prenderti gioco di lui. Per non rendere il libro troppo più lungo di quanto avrei voluto rinunciai allora a trattare esaustivamente e a sviluppare questa questione che andrebbe affrontata e risolta non contro i Manichei, che non la pensano così, ma contro altri che son di questa opinione. D'altra parte vedevo che, anche se avessi fatto questa concessione, i Manichei dovevano e oramai potevano essere convinti d'errore al momento in cui nella loro deviante follia introducevano la natura del male come coeterna all'eterno bene. Perciò io ho detto: cosa d'altronde incerta, non perché personalmente ne dubitassi, ma perché tra me e coloro che sapevo pensarla in questo modo la questione non era ancora stata definita. L'ho però risolta sulla base delle Sacre Scritture nel modo più chiaro che ho potuto in altri miei libri scritti molto dopo su L'interpretazione letterale della Genesi.

15.8 E altrove: Per questo – dico – pecchiamo quando amiamo le realtà materiali perché la giustizia ci ordina e la natura ci rende possibile amare quelle spirituali ed è a questo punto che raggiungiamo, nel nostro genere, il massimo grado di perfezione e di felicità. A questo punto mi si potrebbe chiedere perché tale possibilità sarebbe dovuta alla natura e non alla grazia. Ma nella controversia contro i Manichei era in questione la natura. E la grazia in ogni caso fa in modo che la natura, una volta sanata, sia in grado di far ciò che non le è permesso nel suo stato di abbrutimento per merito di colui che venne a cercare e a salvare ciò che era perduto. Già allora facevo riferimento a questa grazia nella preghiera da me formulata a favore dei miei amici che ancora erano stretti da quel mortale errore: Dio grande, Dio onnipotente, Dio di suprema bontà, che la fede religiosa ci impone di credere e di concepire come inviolabile e incorruttibile, Unità Trina oggetto di culto da parte della Chiesa cattolica, ti prego e ti supplico, dopo aver sperimentato in me la tua misericordia, di impedire che uomini coi quali fin dalla fanciullezza fui sempre in perfetto accordo in ogni occasione di vita in comune, dissentano da me per quanto attiene al culto a te dovuto. Sicuramente mentre pregavo così già ritenevo certo per fede non solo che i convertiti a Dio traggono vantaggio dalla sua grazia per progredire e raggiungere la perfezione – a questo proposito si potrebbe ancora dire che la grazia vien concessa per merito della loro conversione – ma anche che la conversione a Dio è da ascrivere alla sua grazia. È per questo che ho pregato per loro che erano troppo lontani da Lui ed è per la loro conversione che ho pregato.

XVI (XV) – Atti della disputa contro Fortunato Manicheo, un libro

16.1 Sempre nel tempo del mio sacerdozio mi capitò di discutere contro un certo Fortunato appartenente all'ordine dei preti manichei. Costui era vissuto a lungo ad Ippona ed aveva sedotto un così gran numero di persone da prediligere quella residenza per il legame che lo univa a loro. La disputa fu registrata da notai nel corso del suo svolgimento sotto forma di atti pubblici, come si evince dall'indicazione del giorno e del console in carica. Ci siamo perciò premurati di trasferirla in un libro perché se ne conservi la memoria. Vi si affronta il problema dell'origine del male, e mentre io asserisco che il male dell'uomo trae origine dal libero arbitrio della volontà, il mio avversario si sforza di dimostrare che la natura del male è coeterna a Dio. Il giorno seguente però ammise di non riuscire ad oppormi alcun argomento. Non divenne certo cattolico, ma si allontanò da Ippona.

16.2 In quel libro ho scritto: L'anima è stata creata da Dio come tutte le sue creature e, fra tutte le cose ch'egli ha creato nella sua onnipotenza, all'anima è stato dato il primo posto. Mi sono espresso così perché la mia affermazione si intendesse riferita a tutte le creature razionali, anche se, come già osservato, nelle Sacre Scritture o non si parla affatto di anime in riferimento agli angeli o non è facile trovarne menzione. In un altro passo ho detto: Affermo che non esiste peccato se non si pecca di propria volontà. In quel passo però ho voluto intendere per peccato solo quello che non è anche punizione del peccato: di tale punizione ho infatti detto altrove, nell'ambito della stessa discussione, tutto ciò che andava detto. Ho anche detto: Perché questa medesima carne, che ci ha tormentato e fatto soffrire mentre eravamo nel peccato, sia a noi sottomessa al momento della risurrezione e non ci turbi con alcuna azione contraria che ci impedisca di osservare la legge e i precetti di Dio. La frase non va però intesa nel senso che in quel regno di Dio, in cui avremo un corpo incorruttibile e immortale, si dovranno ancora ricavare dalle divine Scritture la legge e i precetti. Ivi la legge eterna sarà compiutamente osservata e, per conseguenza, rispetteremo i due noti precetti sull'amore di Dio e del prossimo non per averli letti, ma nell'amore perfetto e senza fine.

XVII (XVI) – La fede e il Simbolo, un libro

17.1 In quel medesimo periodo, per incarico dei vescovi che tenevano in Ippona un concilio plenario di tutta l'Africa , discussi alla loro presenza, pur essendo ancora un semplice sacerdote, Della fede e del simbolo. Furono poi le insistenti pressioni di alcuni amici affezionati che mi indussero a farne un libro. In esso però i contenuti sono trattati senza ricorrere a quel tessuto di parole che viene affidato ai competenti perché lo memorizzino. In questo libro, trattando della risurrezione della carne, dico: Il corpo risorgerà secondo la fede cristiana che non può ingannare. Chi ritiene incredibile questo evento si limita a considerare la carne nel suo stato attuale e non quale sarà in futuro. In quel tempo di trasformazione angelica non ci saranno più la carne e il sangue, ma solo il corpo. A queste parole faccio seguire una discussione sulla trasformazione dei corpi terrestri in corpi celesti, sulla base dalle parole dell'Apostolo che, parlando di questo argomento, così si esprime: La carne e il sangue non possederanno il regno di Dio. Chiunque però intende questa espressione nel senso che il corpo terreno, quale noi lo possediamo, si trasformerà in corpo celeste grazie alla risurrezione e non avrà più né le membra attuali né consistenza carnale, va indubbiamente corretto. Sarà sufficiente ricordargli il corpo del Signore che, dopo la risurrezione, si presentò non solo alla vista ma anche al tatto con la medesima conformazione e assicurò anche espressamente di avere una carne dicendo: Palpate e vedete, poiché uno spirito non possiede carne ed ossa come potete constatare di me. Ne risulta che l'Apostolo non ha negato che nel regno di Dio vi sarà la sostanza carnale: ha solo designato con i vocaboli sangue e carne o gli uomini che vivono secondo la carne o la corruzione stessa della carne che a quel tempo non avrà più ragione di esistere. Dopo aver detto: La carne e il sangue non possederanno il regno di Dio, ben si comprende che è a mo' di chiarimento di quanto già detto ch'egli ha aggiunto immediatamente dopo le parole: Né la corruzione possederà ciò che è incorruttibile. Di questa verità, della quale è difficile convincere gli infedeli, ho già discusso col maggiore impegno possibile, come potrà constatare chiunque leggerà l'ultimo libro della mia Città di Dio.

XVIII (XVII) – Libro incompiuto sull'interpretazione letterale della Genesi

18 Avevo già scritto due libri su La Genesi per difenderla contro i Manichei. In essi avevo illustrato le parole della Scrittura secondo il senso allegorico, non osando esporre i tanti misteri relativi alla natura attenendomi alla lettera di quanto leggevo, non osando cioè chiarire come possano essere interpretati in chiave storica i contenuti di quel testo. Volli allora mettere alla prova le mie possibilità anche in questa laboriosissima e difficilissima impresa , ma in questo mio primo confronto con l'esegesi scritturistica finii col soccombere sotto il peso di una mole così grande e, senza giungere alla fine di un solo libro, posi termine alla mia fatica che non riuscivo a sostenere. Il libro, incompleto così come si trovava, è caduto nelle mie mani al momento in cui, nell'elaborazione del presente scritto, stavo procedendo alla revisione dei miei opuscoli. A suo tempo non l'avevo pubblicato e avevo deciso di distruggerlo in considerazione del fatto che successivamente avevo composto un'opera in dodici libri recante come titolo: L'interpretazione letterale della Genesi. In esso sono più le questioni poste che le soluzioni, ma non è comunque possibile un confronto fra quei libri e l'opuscolo di cui ci stiamo ora occupando. Dopo la revisione volli però che anche questo libro rimanesse quale testimonianza, a mio avviso non inutile, dei miei primi rudimenti nella

spiegazione e nell'approfondimento delle parole divine e volli che il suo titolo fosse: Libro incompleto sulla interpretazione letterale della Genesi. Ho trovato il libro dettato fino alle parole: Il Padre è soltanto il Padre e il Figlio altro non è se non il Figlio; e anche quando è chiamato somiglianza del Padre, pur risultando provato che non v'è alcuna dissimiglianza, non si può dire che vi sia solo il Padre, visto che c'è qualcuno cui è simile. Dopo queste parole ho ripetuto quelle della Scrittura per esaminarle e commentarle di nuovo: E disse Dio: Facciamo l'uomo a nostra immagine e somiglianza. Avevo lasciato il libro incompleto avendone interrotto la dettatura a questo punto. Ciò che segue ritenni di doverlo aggiungere al momento della revisione. Tuttavia non lo portai a termine e, nonostante questa aggiunta , lo lasciai incompleto. Se l'avessi completato avrei dovuto trattare almeno di tutte le operazioni e le parole di Dio relative al sesto giorno. Mi è sembrato superfluo censurare tutto ciò che non approvo in questo libro e difendere ciò che altri potrebbe disapprovare per non averlo ben compreso. Per dirla in breve, chiedo piuttosto che si leggano quei dodici libri che composi molto tempo dopo quando ero già vescovo e si giudichi questo libro sulla base di quelli.

XIX (XVIII) – Il discorso del Signore sulla montagna, due libri

19.1 Nel medesimo periodo ho scritto due libri Sul discorso del Signore sulla montagna secondo Matteo. Nel primo dei due libri, a proposito della frase: Beati i pacifici, perché saranno chiamati figli di Dio, ho detto: La sapienza si addice ai pacifici nei quali ogni cosa è già nell'ordine e nessun impulso è ribelle contro la ragione, ma tutto obbedisce allo spirito dell'uomo che, a sua volta, obbedisce aDio. Provoca in me giustamente una certa preoccupazione il modo con cui ho espresso il concetto. A nessuno in realtà può capitare in questa vita che non vi sia nelle sue membra una legge che si oppone alla legge della ragione. E anche nel caso che lo spirito dell'uomo esercitasse una resistenza tale da evitare qualsiasi cedimento, non per questo mancherebbe il contrasto. Pertanto l'affermazione che nessun impulso è ribelle contro la ragione può essere accettato solo in quanto coloro che oggi tengono una condotta pacifica, domando la concupiscenza della carne, si comportano così per raggiungere un giorno quella pace nella sua forma più piena.

19.2 In un altro passo, alla ripresa della formula evangelica: Beati i pacifici, perché saranno chiamati figli di Dio, ho fatto seguire queste parole: Tutto questo può già realizzarsi nella vita presente come pensiamo che si sia già realizzato negli Apostoli. La frase non va però intesa nel senso che gli Apostoli, durante la loro vita terrena, non abbiano sperimentato nessun impulso carnale in contrasto con lo spirito. Abbiamo solo voluto affermare che in questa vita è possibile giungere là dove sono giunti gli Apostoli, è cioè possibile raggiungere quel limite dell'umana perfezione quale può realizzarsi quaggiù. Non ho detto: Tutto questo può realizzarsi nella vita presente in quanto pensiamo che si sia già realizzato negli Apostoli. Ho invece detto: come pensiamo che si sia già realizzato negli Apostoli, auspicando cioè che si realizzi come si è già realizzato in loro, con quel grado di perfezione di cui è capace codesta vita; non come dovrà realizzarsi in quella pienezza di pace in cui poniamo le nostre speranze, quando si dirà: Dov'è, o morte, la tua battaglia?.

19.3 Quanto alla testimonianza addotta in un altro passo in cui si dice: Dio non concede lo spirito con misura, non avevo ancora compreso che propriamente e con grado maggiore di verità quelle parole si riferivano al Cristo. Se infatti agli altri uomini lo Spirito non fosse dato con misura, Eliseo non ne chiederebbe il doppio di quello concesso ad Elia. Così, nel commentare il passo della Scrittura in cui si legge: Un solo iota o un solo apice non passerà dalla legge finché tutto non sarà compiuto, avevo detto che non poteva essere interpretato che come un modo assai efficace di esprimere la perfezione. C'è però da chiedersi se tale perfezione possa intendersi in senso tale che resti comunque vero che nessuno che fruisca dell'arbitrio della volontà vive quaggiù senza peccato. Chi infatti può dar completa esecuzione alla legge se non colui che esegue tutti i comandamenti divini? Fra gli stessi comandamenti però v'è anche quello che ci impone di dire: Rimetti a noi i nostri debiti come noi li rimettiamo ai nostri debitori, che è poi la preghiera di tutta la Chiesa valida fino alla fine del mondo. Tutti i comandamenti si ritiene dunque che abbiano avuto esecuzione, dal momento che vien perdonato ciò che non si fa.

19.4 Consideriamo le seguenti parole del Signore: Chi dunque violerà uno solo di questi comandamenti anche minimi e insegnerà in questo modo, e tutto ciò che segue fino al passo in cui dice: Se la vostra giustizia non sarà superiore a quella degli scribi e dei farisei non entrerete nel regno dei cieli. Ho già spiegato questo passo assai meglio e in modo più conveniente in altri discorsi da me scritti successivamente e sarebbe troppo lungo ripetermi anche qui su questo punto. Il senso da dare alle parole del Signore si riduce a questo, che la giustizia maggiore di quella degli scribi e dei farisei appartiene a coloro che dicono e fanno. Altrove infatti il Signore, a proposito degli scribi e dei farisei, si esprime così: Dicono e non fanno. Abbiamo compreso meglio più tardi anche l'altra frase della Scrittura: Chi si adira contro suo fratello. I codici greci non aggiungono: senza motivo , come si legge qui, benché il senso sia lo stesso. Abbiamo infatti detto che occorre considerare che cosa significhi adirarsi contro il proprio fratello, dal momento che non si adira contro il fratello chi si adira contro il suo peccato. Chi dunque si adira contro il fratello e non contro il peccato, si adira senza motivo.

19.5 Ho anche detto: Il riferimento al padre, alla madre e agli altri consanguinei va inteso nel senso che noi dobbiamo odiare in loro ciò che il genere umano ha avuto in sorte attraverso la nascita e la morte. È come se avessi detto che non sarebbero esistiti questi legami qualora, in mancanza di un precedente peccato del genere umano, nessuno morisse. Ho però già in precedenza rifiutato questa interpretazione In realtà questi rapporti di parentela e di affinità esisterebbero ugualmente anche nel caso che, mancando il precedente del peccato originale, il genere umano crescesse e si moltiplicasse senza dover morire. Analogamente va diversamente spiegato perché il Signore, che ci ordina di amare i nemici, ci abbia in un'altra occasione comandato di avere in odio genitori e figli. La soluzione non è quella che si legge in quest'opera, ma quella proposta più volte in seguito: dobbiamo amare i nemici per ottener loro il regno di Dio e odiare nei parenti ciò che ce ne tiene lontani.

19.6 In questo libro mi sono anche molto impegnato a discutere sulla proibizione di rimandare una donna tranne che nel caso di fornicazione. Occorre però meditare e indagare molto a lungo su che cosa il Signore voglia che si intenda per fornicazione che rende lecito il ripudio di una donna. Si tratta di stabilire se il riferimento è a quella che è condannata nell'impurità o a quella di cui si dice: Hai perduto chiunque ha fornicato lontano da te, nella quale è compresa anche la prima: Non si può infatti dire che non fornichi lontano dal Signore qualunque donna prenda le membra di Cristo facendone membra di prostituta. Non voglio però che in una questione così importante e di così difficile comprensione il lettore pensi che sia sufficiente quanto da me discusso in questa sede. Lo invito a leggere sia quanto io stesso ho scritto in epoca successiva sia le più meditate e meglio condotte trattazioni di altri. Oppure a riconsiderare personalmente, con la maggiore attenzione e penetrazione possibile, quanto in ciò che qui si è detto su questo tema, può a buon diritto stimolare il suo spirito critico. In realtà non ogni peccato è fornicazione né perde tutti i peccatori quel Dio che ascolta ogni giorno i suoi santi che lo invocano dicendo: Rimetti a noi i nostri debiti. Perde invece chi fornica lontano da lui. Ma come debba essere intesa e delimitata questa forma di fornicazione e se anche per questa sia lecito rimandare la donna è questione assai oscura. Non c'è comunque dubbio che il ripudio sia lecito nel caso di fornicazione commessa nell'impurità. Quanto alla mia osservazione che il ripudio è permesso, ma non ordinato, non avevo fatto attenzione alle altre parole della Scrittura: Chi tiene presso di sé un'adultera è stolto ed empio. Non direi però che potesse essere considerata un'adultera la donna del Vangelo anche dopo che udì dal Signore le parole: Neppure io ti condanno, va' e d'ora in poi non peccare più (sempre, naturalmente, che le abbia ascoltate in atteggiamento di obbedienza).

19.7 In un altro passo del peccato mortale di un fratello – quello del quale l'apostolo Giovanni dichiara: Non dico di pregare per lui – ho dato la seguente definizione: Credo che il peccato mortale di un fratello riguardi ogni uomo che, dopo aver conosciuto Dio per grazia del Signore nostro Gesù Cristo, respinge la fraternità e, in contrasto con questa grazia che l'ha riconciliato con Dio, è agitato dalle fiamme dell'odio. Non l'ho dato però per scontato, avendo presentato la cosa come una semplice opinione. Avrei dovuto aggiungere: sempre che abbia concluso la sua vita in questa scellerata perversità della mente. E ciò in considerazione del fatto che di nessuno che si trovi in questa vita si deve in ogni caso disperare, per malvagio ch'egli sia, né è segno di sprovvedutezza pregare per colui di cui non si dispera.

19.8 Nel secondo libro ho detto: A nessuno sarà lecito ignorare il regno di Dio, dal momento che il suo Figlio Unigenito scenderà dal cielo non solo intelligibilmente, ma anche sensibilmente, incarnandosi nell'uomo del Signore "·per giudicare i vivi e i morti·". Ma non vedo se sia giusto chiamare uomo del Signore l'uomo Gesù Cristo, Mediatore fra Dio e gli uomini, dato che egli stesso è il Signore. Chi v'è nella sua santa famiglia che non possa essere chiamato uomo del Signore? Sono stato indotto ad usare questa espressione per averla letta in alcuni commentatori cattolici delle parole divine , ma dovunque l'ho usata vorrei non averlo fatto. Più tardi mi sono reso conto che non andava usata, anche se c'è qualche argomento con cui difenderla. Analogamente mi accorgo che non avrei dovuto dire che quasi nessuna coscienza umana può odiare Dio; di molti infatti è stato scritto: La superbia di coloro che ti odiano.

19.9 In un altro passo ho detto: Il Signore ha detto che "·A ogni giorno basta la sua malizia·", riferendola alla necessità che abbiamo di assumere dei cibi; e penso che l'abbia chiamata malizia trattandosi per noi di una punizione conseguente alla fragilità che ci siamo meritati col peccato. Non avevo però rilevato che anche ai primi uomini furono dati nel Paradiso gli alimenti del corpo, prima ancora che col peccato si fossero meritati la morte come punizione. Erano certo immortali nel corpo – che non era però ancora spirituale, ma animale – e, pur trovandosi in questa condizione di immortalità, facevano uso degli alimenti del corpo. Analogamente, parlando della Chiesa gloriosa che Dio si è scelta senza una macchia e senza una ruga, non intendevo certo affermare ch'essa è già tale sotto ogni aspetto, anche se proprio a questo fine è stata senza dubbio scelta, perché sia tale al momento in cui si manifesterà Cristo, sua vita. Allora anch'essa apparirà con lui nella gloria ed è a motivo di questa gloria che le è stato dato l'appellativo di Chiesa gloriosa. Consideriamo inoltre le parole del Signore: Chiedete e riceverete, cercate e troverete, bussate e vi sarà aperto. Avevo ritenuto di dover accuratamente mostrare la differenza fra questi tre inviti. È però più opportuno riportarli tutti ad un'unica pressante istanza. È quanto emerge dalle parole stesse del Signore che, a conclusione, riporta le tre richieste ad un unico vocabolo: Quanto più il Padre vostro che è nei cieli concederà dei beni a coloro che glieli chiedono: non ha detto: "·a coloro che chiedono, cercano, bussano·".

XX (XIX) – Salmo contro il partito di Donato, un libro

20 Volendo che la questione donatista venisse a conoscenza anche del volgo più umile e della massa dei totalmente incolti e degli illetterati e che, per quanto possibile, si imprimesse nella loro memoria, composi un salmo destinato al canto e fondato sulla successione delle lettere dell'alfabeto latino, ma solo fino alla lettera V, un carme del tipo di quelli che chiamano abecedari. Se ho omesso le tre ultime lettere, le ho sostituite alla fine con una sorta di epilogo nel quale si immagina che la madre Chiesa rivolga loro la parola. Il ritornello, che si ripete, e l'introduzione alla questione, pure destinata al canto, non seguono l'ordine alfabetico, che inizia solo dopo l'introduzione. Non sono ricorso a un vero componimento poetico, per evitare che le esigenze metriche mi costringessero ad usare parole non usuali per la massa.

XXI (XX) – Contro la lettera dell'eretico Donato, un libro

21.1 Sempre al tempo del mio sacerdozio scrissi un libro Contro la lettera di Donato, che fu, dopo Maiorino, il secondo vescovo di Cartagine di parte donatista. In essa Donato si esprime come se il battesimo di Cristo non potesse darsi che nella comunione con lui, una tesi che io combatto in questo libro. In un passo, parlando dell'apostolo Pietro, ho detto che su di lui, come su di una pietra, è fondata la Chiesa. È l'interpretazione che vien tradotta in canto corale nei versi del beatissimo Ambrogio laddove del gallo dice: Al suo canto quello stesso che è pietra della Chiesa ha cancellato la sua colpa. So però di aver in seguito ed assai spesso interpretato diversamente le parole del Signore: Tu sei Pietro e su questa pietra edificherò la mia Chiesa. Ho inteso cioè che su questa pietra significasse: su colui che Pietro ha testimoniato con le parole: Tu sei il Cristo, figlio del Dio vivo, e che pertanto Pietro, per aver ricevuto il suo nome da questa pietra, rappresentasse la persona della Chiesa che è edificata su questa pietra e ha ricevuto le chiavi del regno dei cieli. Non è stato detto all'Apostolo: "·tu sei pietra·", ma: tu sei Pietro. La pietra era dunque Cristo, ed è per averlo testimoniato, come lo testimonia tutta la Chiesa, che Simone ebbe il nome di Pietro. Scelga il lettore quale delle due opinioni sia la più probabile.

21.2 In un altro passo ho detto: Il Signore non cerca la morte di nessuno. L'espressione va intesa nel senso che l'uomo s'è procurato la morte abbandonando Dio e che se la procura chi non ricorre a lui, secondo la frase della Scrittura: Dio non ha fatto la morte. Ma è anche vera l'altra frase: Vita e morte vengono da Dio, che concede la vita come dono e la morte come vendetta.

21.3 In un altro passo ho detto: Donato – l'autore della lettera da me confutata – chiese che l'Imperatore concedesse come giudici fra lui e Ceciliano dei vescovi d'oltremare. In effetti risulta più probabile che a proporre questo sia stato non il nostro, ma un altro Donato, pur se aderente allo stesso scisma: quel Donato cui noi ci riferiamo non era il vescovo donatista di Cartagine, bensì un omonimo originario di Case Nigre, anche se fu lui a perpetrare per primo a Cartagine questo empio scisma. Non fu inoltre Donato di Cartagine a stabilire che i Cristiani dovessero essere ribattezzati, come pensavo quando rispondevo alla sua lettera. Non è neppure vero ch'egli trasse dal bel mezzo di un'espressione dell'Ecclesiastico le parole necessarie al suo scopo. Dove è scritto: Se un uomo è battezzato da un morto e di nuovo lo tocca, a che gli giova il lavarsi? egli ritiene di leggere: Se uno è battezzato da un morto, a che gli giova il lavarsi? Abbiamo successivamente appurato che, prima ancora che esistesse il partito di Donato, moltissimi codici, a dire il vero, africani, non recavano nel contesto le parole: e di nuovo lo tocca. Se l'avessi saputo non avrei pronunciato tante accuse contro di lui, quasi che si trattasse di un ladro o di un profanatore della parola divina.

XXII (XXI) – Contro Adimanto, discepolo di Manicheo, un libro

22.1 In quel medesimo periodo mi capitarono fra le mani alcuni scritti polemici di Adimanto, che era stato discepolo di Manicheo e che in essi attaccava la legge e i profeti nel tentativo di dimostrarne il contrasto con i Vangeli e gli altri scritti degli Apostoli. L'ho confutato riportandone le parole ed opponendo loro le mie risposte ed ho condotto a termine la mia opera con un solo volume. Ad alcune questioni ho risposto non una, ma due volte. Ciò è accaduto perché avevo perduto la prima risposta ed al momento in cui l'avevo ritrovata avevo già scritto la seconda. Alcune di queste medesime questioni hanno trovato la loro soluzione in sermoni da me pronunciati in chiesa e rivolti al popolo. Ad altre non ho ancora risposto: a farmele tralasciare ha senz'altro contribuito il sopraggiungere di altre più urgenti incombenze, ma va aggiunta anche la mia colpevole dimenticanza.

22.2 In questo libro ho detto: Quel popolo che ricevette l'Antico Testamento, prima ancora della venuta del Signore e secondo una mirabile ed ordinatissima distribuzione dei tempi, era limitato nelle sue conoscenze da ben definite ombre e immagini del vero; pur tuttavia nell'Antico vi è un preannuncio ed una anticipazione così piena del Nuovo che nell'insegnamento del Vangelo e degli

Apostoli non si trovano precetti e promesse, quale che ne sia l'elevatezza e l'impronta divina, che non compaiano anche in quegli antichi scritti. Avrei però dovuto aggiungere un quasi e dire: Che quasi non si trovano negli insegnamenti del Vangelo e degli Apostoli precetti e promesse, quale che ne sia l'elevatezza e l'impronta divina, che non compaiano anche in quegli antichi scritti. Che senso avrebbero altrimenti le parole pronunciate dal Signore nel discorso evangelico sulla montagna: Avete udito che dagli antichi è stato detto questo, ed io invece vi dico quest'altro, se i suoi precetti non andassero oltre quelli che si leggono in quegli antichi testi? Inoltre non leggiamo che fra le promesse fatte a quel popolo nella legge data per tramite di Mosè sul monte Sinai, fosse compresa quella del regno dei cieli. Trattasi in effetti di quello chiamato con termine proprio Antico Testamento, che l'Apostolo dice figurato dalla schiava di Sara e da suo figlio. Senonché in quel medesimo passo anche il Nuovo è figurato dalla stessa Sara e da suo figlio. È pertanto vero che, una volta interpretate le figure, nell'Antico si trova profetato tutto ciò che è stato manifestato o che si attende sia manifestato dal Cristo. Tuttavia in considerazione di certi precetti non espressi in forma indiretta, ma diretta e che non si trovano nell'Antico Testamento, ma solo nel Nuovo, ci si dovrebbe esprimere con maggior cautela e moderazione: si dovrebbe dire che quasi nessun precetto, non che nessun precetto è reperibile nel Nuovo che non sia anche nell'Antico, anche se è vero che proprio nell'Antico compaiono già quei due precetti sull'amore di Dio e del prossimo ai quali giustamente fanno riferimento gli insegnamenti della Legge, dei Profeti, del Vangelo e degli Apostoli.

22.3 Così l'affermazione che nelle Sacre Scritture il nome di figlio ha tre diverse accezioni non è molto meditata. Abbiamo certamente tralasciato altre accezioni: si dice, per esempio, figlio della geenna e figlio adottivo anche se in questi casi la figliolanza non è proclamata tale né secondo natura, né secondo istruzione né secondo imitazione. Di queste tre accezioni, quasi fossero le sole, ho fornito i seguenti esempi: secondo natura, come i Giudei sono discendenti di Abramo; secondo istruzione, come l'Apostolo chiama suoi figli coloro ai quali ha insegnato il Vangelo; secondo imitazione, come noi siamo figli di Abramo, di cui imitiamo la fede. Ho anche detto: Quando l'uomo si sarà rivestito di incorruttibilità e di immortalità non ci sarà più né carne né sangue. Ciò significa che non ci sarà più carne in considerazione della sua corruttibilità, non della sua sostanza: è in riferimento alla sostanza che il corpo del Signore è chiamato carne anche dopo la risurrezione.

22.4 In un altro passo ho detto: A nessuno, salvo che non cambi la sua volontà, è possibile operare il bene; e cambiare è in nostro potere, come afferma il Signore in un altro passo con le parole: "·Rendete un albero buono e il frutto che otterrete sarà buono; rendetelo cattivo, e il frutto sarà cattivo·". Questa affermazione non è contro la grazia di Dio che noi predichiamo. In effetti è in potere dell'uomo mutare la sua volontà in meglio, ma quel potere non esisterebbe se non gli fosse dato da Dio, di cui è detto: Diede loro il potere di diventare figli di Dio. Se è vero infatti che è in nostro potere tutto ciò che noi possiamo realizzare quando lo vogliamo, nulla è maggiormente in nostro potere quanto la stessa volontà: ma è il Signore che predispone la volontà ed è questo il modo con cui concede il potere. Allo stesso modo va inteso anche quanto ho detto in seguito, che cioè è in nostro potere meritare due opposte alternative: o di essere innestati dalla bontà divina o di essere recisi dalla sua severità. Non è in nostro potere se non ciò che realizziamo con la nostra volontà e se questa, a sua volta, è stata predisposta e resa forte e potente dal Signore, anche un'opera di pietà, che è inizialmente difficile e impossibile, diventa agevole a compiersi.

XXIII (XXII) – Commento di alcune proposizioni della Lettera dell'Apostolo ai Romani, un libro

23.1 Mentre ero ancora sacerdote avvenne che a Cartagine, durante una lettura fatta fra noi della Lettera dell'Apostolo ai Romani, mi venissero rivolte alcune domande da parte dei fratelli. Risposi come potei, ma essi vollero che le mie parole fossero messe per iscritto, piuttosto che venir disperse senza un testo. Detti loro ascolto e un nuovo libro venne ad aggiungersi ai miei precedenti opuscoli. In questo libro ho detto: Le parole: "·Sappiamo che la legge è spirituale, mentre io sono carnale·", mostrano a sufficienza che non possono adempiere la legge se non gli spirituali che rende tali la grazia divina. Non avevo assolutamente voluto che questa frase si intendesse riferita all'Apostolo, che era già spirituale, bensì all'uomo posto sotto la legge, ma non ancora sotto la grazia. Così in precedenza intendevo queste parole. In seguito però, dopo aver letto alcuni commentatori dei testi divini dei quali apprezzavo l'autorità, considerai la questione più a fondo e compresi che le parole: Sappiamo che la legge è spirituale, mentre io sono carnale, possono essere riferite anche alla persona dell'Apostolo. Ho cercato di chiarire la cosa con la maggiore precisione possibile nei libri che ho scritto di recente contro i Pelagiani. In questo libro ho preso in considerazione anche le parole dell'Apostolo: Mentre io sono carnale e tutto il resto fino al punto in cui dice: O infelice uomo che sono, chi mi libererà dal corpo di questa morte? La grazia di Dio, per tramite del Signore nostro Gesù Cristo. Ho detto che in tale contesto è descritto l'uomo che è ancora sotto la legge, e non è già sotto la grazia, l'uomo che vorrebbe agire rettamente, ma che, vinto dalla concupiscenza della carne, compie il male. Dal dominio di questa concupiscenza ci libera solo la grazia di Dio per tramite del Signore nostro Gesù Cristo per un dono dello Spirito Santo. È con l'aiuto dello Spirito che l'amore, diffuso nei nostri cuori, vince gli impulsi della concupiscenza della carne distogliendoci dal dar loro il nostro assenso a compiere il male e inducendoci piuttosto a fare il bene. Viene così sradicata l'eresia di Pelagio secondo la quale l'amore grazie al quale viviamo secondo bontà e pietà non verrebbe da Dio, ma da noi stessi. Nei libri da noi pubblicati contro i Pelagiani abbiamo invece mostrato che le parole dell'Apostolo s'intendono meglio se riferite anche all'uomo spirituale già posto sotto la grazia. Così abbiamo concluso in considerazione del corpo carnale, che ancora non è spirituale e lo sarà solo al momento della risurrezione dei morti e tenendo conto della stessa concupiscenza della carne: con essa debbono combattere i santi che, pur non acconsentendo a fare il male, non sono ancora liberi in questa vita dai suoi impulsi ai quali pure oppongono resistenza. Ne saranno invece esenti nell'altra vita, quando la morte sarà assorbita nella vittoria. È in considerazione di questa concupiscenza e dei suoi stessi impulsi – resistere ai quali non comporta la loro assenza – che ogni santo già posto sotto la grazia può usare tutte quelle espressioni che io in questo libro ho definito proprie dell'uomo non ancora posto sotto la grazia, ma sotto la legge. Sarebbe troppo lungo chiarire qui tutta la questione e, d'altronde, ho anche già detto dove l'ho chiarita.

23.2 Inoltre, discutendo della scelta fatta da Dio in un uomo non ancora nato, al cui servizio predice che si sarebbe posto il fratello maggiore, e discutendo altresì della riprovazione espressa nei riguardi di questo stesso fratello maggiore, anche lui non ancora nato – è per questo che nei riguardi dei due fratelli vien riportata, anche se alquanto più avanti, la testimonianza del Profeta che suona: Ho amato Giacobbe, ma ho odiato Esaù – così ho condotto la mia argomentazione: Dio non ha scelto, nella sua prescienza le opere di alcuno, quelle opere ch'egli stesso gli avrebbe concesso di fare; nella sua prescienza ha scelto però la fede: conoscendo in anticipo l'uomo che avrebbe creduto in lui, questo ha prescelto per concedergli lo Spirito Santo sì che, operando il bene, conseguisse anche la vita eterna. Non avevo ancora cercato con attenzione e non avevo ancora scoperto in che consista l'elezione della grazia a proposito della quale lo stesso Apostolo dice:

Ciò che resta d'Israele è fatto salvo per elezione della grazia. E la grazia non è tale se è preceduta dai meriti: in tal caso infatti un bene concesso non per grazia, ma perché dovuto, sarebbe un compenso dei meriti, non un dono. Subito dopo ho detto: Dice lo stesso Apostolo: "·Lo stesso Dio che opera ogni cosa in tutti·". Da nessuna parte però è detto: Dio crede ogni cosa in tutti. Ho quindi aggiunto: Credere è opera nostra, fare il bene è opera di colui che dà, a coloro che credono, lo Spirito Santo. Non mi sarei certamente espresso così se già avessi saputo che anche la fede fa parte dei doni che ci vengono concessi dallo stesso Spirito. Entrambe le cose, credere e ben operare, ci appartengono in virtù dell'arbitrio della volontà ed entrambe, tuttavia, ci vengono date attraverso lo Spirito della fede e della carità. Né la carità sta da sola ma, come è scritto, ci vien data, assieme alla fede, da Dio Padre e dal Signore nostro Gesù Cristo.

23.3 E' inoltre vero ciò che ho detto poco dopo: È opera nostra credere e volere, di Lui invece concedere a coloro che credono e che vogliono la facoltà di ben operare "·per mezzo dello Spirito Santo" grazie al quale "la carità si diffonde nei nostri cuori·". In base però al medesimo criterio sopra applicato mentre è vero che entrambe le operazioni appartengono a Lui in quanto predispone la volontà, è altrettanto vero che entrambe appartengono a noi in quanto si verificano solo se lo vogliamo. Pure verissimo, per lo stesso motivo, è quello che ho detto anche in seguito: Non possiamo neppure volere, se non siamo chiamati, e quand'anche dopo la chiamata volessimo, non basterebbe la nostra volontà e la nostra corsa, se Dio non ci desse la forza di correre e non ci conducesse dove ci chiama. A queste parole ho aggiunto: Il bene operare "·non dipende evidentemente da chi vuole né da chi corre, ma dalla misericordia divina·". Non ho però molto discusso della chiamata in se stessa, che si verifica in conseguenza di una decisione di Dio. Essa non è tale per tutti i chiamati, ma solo per gli eletti. Totalmente conforme a verità è anche quanto ho detto poco dopo: Come in coloro che Dio ha scelto non sono le opere, ma è la fede che dà inizio al merito, sì che il loro bene operare dipende da un dono di Dio, allo stesso modo in coloro ch'egli condanna sono l'infedeltà e l'empietà che per prime fanno meritare la pena, sì che è conseguenza di questa stessa pena il loro male operare. Ma che anche il merito di aver fede è un dono di Dio né ho ritenuto che dovesse essere oggetto di indagine né l'ho esplicitamente affermato.

23.4 In un altro passo ho detto: Dio fa bene operare colui del quale ha misericordia e abbandona colui del quale ha indurito il cuore perché operi il male. Anche quella misericordia però è accordata al precedente merito della fede mentre l'indurimento è dato come sanzione alla precedente empietà. Ed anche questo è vero. Occorreva però anche chiedersi se anche il merito della fede non dipenda dalla misericordia divina; in altre parole, se codesta misericordia si manifesti nell'uomo solo in quanto è fedele o se si sia manifestata in lui anche perché fosse fedele. Leggiamo le parole dell'Apostolo: Ho ottenuto misericordia perché fossi fedele. Come si può constatare non dice: Perché ero fedele. La misericordia è dunque concessa a chi è fedele, ma è stata data anche perché fosse fedele. Giustissimo è quanto ho detto in un altro passo del medesimo libro: Se siamo chiamati a credere non in conseguenza delle nostre opere, ma della misericordia divina e in seguito a questa fede ci è concesso di ben operare, non dobbiamo negare questa misericordia ai gentili. Non ho però trattato in quel passo in modo sufficientemente approfondito di quella chiamata che si verifica per una decisione divina.

XXIV (XXIII) – Commento alla Lettera ai Galati, un libro

24.1 Dopo questo libro ho posto mano a un commento alla Lettera dello stesso Apostolo ai Galati. Non l'ho fatto frammentariamente, omettendo dei passi, ma in modo continuativo e prendendo in considerazione il testo nella sua interezza. Ho fatto rientrare questo commento in un solo volume. In esso ho detto: Furono veritieri i primi Apostoli che vennero inviati non dagli uomini, ma da Dio per tramite di un uomo nella persona di Gesù Cristo, che era ancora mortale. Veritiero fu anche l'ultimo degli Apostoli, che fu inviato per tramite di Gesù Cristo già totalmente Dio dopo la risurrezione. Ho detto già totalmente Dio in considerazione dell'immortalità conseguita solo dopo la risurrezione e non della divinità, che rimase sempre immortale, dalla quale non si allontanò mai, nella quale era totalmente Dio anche quando doveva ancora morire. Questa interpretazione è chiarita da quello che segue. Così infatti ho continuato: Primi sono tutti gli altri Apostoli inviati per tramite del Cristo ancora parzialmente uomo, cioè mortale; ultimo è l'apostolo Paolo inviato per tramite del Cristo già totalmente Dio, vale a dire in tutto e per tutto immortale. Ho detto questo nella mia spiegazione delle parole dell'Apostolo il quale, dicendo non da uomini o per tramite di un uomo, ma per tramite di Gesù Cristo e di Dio Padre, sembra far intendere che Gesù Cristo non è più un uomo.

Seguono infatti le parole: che lo risuscitò dai morti, che servono a chiarire il senso della precedente espressione: non per tramite di un uomo. A causa dell'immortalità dunque il Cristo, che è Dio, non è più un uomo; in considerazione però della sostanza propria della natura umana, rivestendo la quale è salito in cielo, Cristo Gesù, in quanto ancora Mediatore fra Dio e gli uomini, resta un uomo e tornerà in tale veste come poterono osservarlo coloro che lo videro mentre saliva in cielo.

24.2 Ho anche detto: La grazia di Dio ha la funzione di rimetterci i peccati in vista della riconciliazione con Dio, la pace è quella per cui siamo riconciliati con Dio. Queste parole vanno però intese nel senso che entrambe, sia la grazia sia la pace, rientrano più in generale nella sfera della grazia. Lo stesso si può dire della distinzione fra Israele e Giuda nel popolo di Dio: Israele vi appartiene in modo speciale, ma, più generalmente, entrambi fan parte di Israele. Così nella spiegazione della frase, perché dunque la legge è stata data in vista della trasgressione, avevo ritenuto di dover distinguere fra una domanda: perché dunque? e una risposta: la legge è stata data in vista della trasgressione. Questa divisione non è lontana dal vero, ma a me sembra meglio distinguere fra una domanda: Perché dunque la legge? e una risposta: è stata data in vista della trasgressione. Ho anche detto:Seguendo un ordine ben definito l'Apostolo aggiunge: "·Ché se vi lasciate guidare dallo Spirito non siete più sotto la legge·". Con queste parole vuol farci intendere che sono sotto la legge coloro il cui spirito lotta contro la carne, in modo tale, però, ch'essi non sono in grado di fare ciò che vogliono, non si comportano cioè come se fossero invincibili nell'amore della giustizia, ma sono vinti dalla carne che esercita la sua concupiscenza contro di loro. Ciò è in coerenza con l'interpretazione che io davo della frase: "·La carne esercita la sua concupiscenza contro lo spirito e lo spirito contro la carne; queste due componenti si contrastano vicendevolmente e vi impediscono di fare ciò che volete·". Tale frase, secondo la mia interpretazione, riguardava coloro che sono sotto la legge, ma non ancora sotto la grazia. Ancora non avevo compreso che queste parole si adattano anche a coloro che sonosotto la grazia, e non sotto la legge: anch'essi, pur non dando alcun consenso agli impulsi della carne ai quali oppongono quelli dello spirito, preferirebbero esserne esenti. E non riescono a fare ciò che vorrebbero in quanto desidererebbero liberarsi da quegli impulsi, ma non ne sono in grado. Non li subiranno quando non avranno più un corpo corruttibile.

XXV (XXIV) – Inizio di un commento alla Lettera ai Romani, un libro

25 Avevo intrapreso un commento alla Lettera ai Romani del tipo di quello dedicato alla Lettera ai Galati. Per condurre a termine un'opera siffatta sarebbero occorsi più libri e ne avevo già completato uno, limitandomi alla trattazione del saluto iniziale, alla parte cioè che va dall'inizio alle parole: Grazia e pace a voi da Dio, nostro Padre, e dal Signore Gesù Cristo. Ci era accaduto di indugiare a lungo nel tentativo di risolvere una difficilissima questione nella quale il nostro discorso s'era imbattuto, quella del peccato contro lo Spirito Santo, che non può essere rimesso né in questo mondo né nell'altro. In seguito però ho deciso di rinunciare ad aggiungere al primo altri volumi per commentare l'intera lettera, spaventato dall'imponenza e dalla fatica dell'impresa e ho quindi ripiegato su progetti di più facile esecuzione. M'è così accaduto di lasciare isolato quel primo libro che avevo scritto e che volli fosse intitolato: Inizio di un commento alla Lettera ai Romani. Dovunque in quel libro ho detto che la grazia si ha nella remissione dei peccati e la pace nella riconciliazione con Dio non si deve intendere che la pace stessa e la riconciliazione non riguardino la grazia nella sua accezione più generale, ma ho solo inteso dire che l'Apostolo, col termine grazia, ha designato in senso proprio la remissione dei peccati. Allo stesso modo designiamo anche in senso proprio

la legge nell'espressione: la legge e i Profeti, mentre facciamo del termine legge un uso generale quando includiamo in essa anche i Profeti.

XXVI (XXV) – Ottantatré questioni diverse, un libro

26.1 Fra i nostri scritti c'è anche un'opera alquanto estesa, che è però considerata come un unico libro, il cui titolo suona: Ottantatre questioni diverse. La trattazione di tali questioni risultava dispersa in molti fogli isolati: le mie risposte erano state da me dettate senz'ordine, a partire dalla mia conversione e dopo il mio ritorno in Africa, di volta in volta che i fratelli, trovandomi disponibile, me ne facevano richiesta. Disposi allora, quando ero già vescovo, che fossero raccolte e che se ne facesse un libro. Disposi anche che ogni questione fosse contrassegnata da un numero, sì da permettere ad ogni lettore di trovare facilmente quella desiderata.

26.2 Di queste questioni la prima discute se l'anima abbia un'esistenza autonoma;

la seconda concerne il libero arbitrio;

la terza discute se l'uomo sia più cattivo a causa di Dio, suo creatore;

la quarta discute la causa di tale cattiveria;

la quinta se l'animale privo di ragione possa essere felice;

la sesta tratta del male;

la settima discute quale componente prenda

propriamente il nome di anima nell'essere vivente;

l'ottava se l'anima abbia un movimento proprio;

la nona se la verità possa essere appresa dai sensi del corpo. Ivi ho affermato che tutto ciò che è raggiunto dal senso del corpo e che prende il nome di sensibile muta continuamente nel tempo L'affermazione non è certamente valida per i corpi incorruttibili della risurrezione, ma attualmente nessuno dei nostri sensi corporei riesce a intuire tali realtà , tranne il caso che una realtà consimile ci sia rivelata per volere divino.

La decima discute se il corpo derivi da Dio.

L'undicesima perché Cristo sia nato da una donna.

La dodicesima, che reca come titolo: L'opinione di un saggio, non mi appartiene. Poiché tuttavia venne a conoscenza, per mio tramite, di alcuni fratelli, che raccoglievano allora con grande cura le mie risposte, e fu di loro gradimento, vollero inserirla fra le mie. Appartiene in realtà a un certo Fonteio di Cartagine e deriva da una sua opera dal titolo Sulla necessità di purificare la mente per vedere Dio; l'aveva scritta quand'era ancora pagano, ma è morto da cristiano, dopo aver ricevuto il battesimo.

La tredicesima discute da quale prova risulti che gli uomini sono superiori alle bestie;

la quattordicesima dimostra che il corpo del Signore nostro Gesù Cristo non era un fantasma ;

la quindicesima tratta dell'intelletto;

la sedicesima del Figlio di Dio;

la diciassettesima della scienza di Dio;

la diciottesima della Trinità;

la diciannovesima di Dio e della creatura;

la ventesima del luogo in cui è Dio;

la ventunesima discute se Dio non sia autore del male. Al riguardo va evitato di interpretare scorrettamente queste mie parole: Non è autore del male chi è autore di tutti gli esseri i quali, in quanto esseri, sono buoni. Va cioè evitata la conclusione che la punizione dei malvagi, che è comunque un male per chi la subisce, non venga da Dio. Mi sono espresso così conformemente alla Scrittura, dove è detto: Dio non ha creato la morte, ma altrove è anche detto: Morte e vita vengono dal Signore Iddio. La punizione dei malvagi, dunque, che deriva da Dio, è un male per i malvagi, ma fa parte delle opere buone di Dio poiché è giusto che i malvagi siano puniti e, in ogni caso, è buono tutto ciò che è giusto.

La ventiduesima recita: Dio non è soggetto alla necessità.

La ventitreesima discute del Padre e del Figlio. Ivi ho detto: Egli stesso generò la sapienza, dalla quale prese il nome di sapiente. Ho però successivamente meglio trattato questa questione nella mia opera Sulla Trinità.

La ventiquattresima discute se il peccato e la buona azione dipendano dal libero arbitrio della volontà. Ciò è verissimo, ma perché si sia liberi di fare il bene occorre esser liberati dalla grazia.

La venticinquesima tratta della croce di Cristo;

la ventiseiesima delle differenza dei peccati;

la ventisettesima della provvidenza;

la ventottesima discute perché Dio abbia voluto creare il mondo;

la ventinovesima se vi sia un alto e un basso nell'universo;

la trentesima se tutto sia stato creato per l'utilità dell'uomo.

La trentunesima non è mia, ma di Cicerone. Anch'essa è venuta a conoscenza dei fratelli per mio tramite ed essi l'hanno inserita in questa raccolta, per il desiderio di apprendere come costui dividesse e definisse le virtù dell'anima.

La trentaduesima discute se sia possibile che una certa cosa sia conosciuta da uno più che da un altro e se pertanto il processo di conoscenza di un medesimo oggetto sia infinito;

la trentatreesima tratta del timore;

la trentaquattresima discute se null'altro sia degno

d'amore oltre la mancanza di timore.

La trentacinquesima discute che cosa si debba amare. Non mi convince su questo punto la mia affermazione che bisogna amare ciò il cui possesso non differisce dalla sua conoscenza. Non si può dire che non possedessero Dio coloro ai quali è stato detto: Non sapete che siete il tempio di Dio e che lo Spirito di Dio abita in voi? Eppure non lo conoscevano o non lo conoscevano come avrebbero dovuto. Così nella mia affermazione che nessuno conosce la felicità e rimane, ciononostante, infelice, ho detto conosce, ma sottintendendo come dev'essere conosciuta. Chi infatti la ignora totalmente, almeno fra coloro che hanno l'uso di ragione, dal momento che sanno di voler essere felici?

La trentaseiesima tratta del nutrimento della carità. Ivi ho detto: Quando oggetto d'amore sono Dio e l'anima, si può parlare in senso proprio della carità in quanto totalmente purificata e realizzata e sempre che null'altro sia amato. Ma se questo è vero, come può l'Apostolo dire: Nessuno ebbe mai in odio la sua carne, e trarne l'invito ad amare le proprie mogli? Per questo ho detto si parla d'amore in senso proprio: la carne è certamente amata, non però in senso proprio, ma in quanto sottomessa all'anima che se ne serve. E anche se sembra amata per se stessa, come quando non la vogliamo priva di bellezza, la sua bellezza va riferita ad altro, vale a dire al principio di ogni bellezza.

La trentasettesima tratta di colui che è nato da sempre;

la trentottesima della struttura dell'anima;

la trentanovesima degli alimenti;

la quarantesima si chiede donde derivino le diverse volontà degli uomini dal momento che unica è la natura delle anime;

la quarantunesima perché Dio, nell'atto di creare tutte le cose, non le abbia create tutte allo stesso modo;

la quarantaduesima in che modo il Signore Gesù Cristo, Sapienza di Dio, sia stato al tempo stesso nell'utero di sua madre e nei cieli; la quarantatreesima

perché il Figlio di Dio sia apparso in forma umana e lo Spirito Santo in forma di colomba.

La quarantaquattresima perché il Signore Gesù Cristo sia venuto tanto in ritardo. Equiparando le età del genere umano a quelle di un solo uomo ho detto: Non sarebbe stato conveniente che l'avvento del Maestro, ad imitazione del quale conformare la perfetta condotta morale, si verificasse in un periodo diverso dalla giovinezza. Ed ho aggiunto a conferma le parole dell'Apostolo: Bambini custoditi sotto la legge come sotto un pedagogo. Può però meravigliare quanto abbiamo detto altrove, che cioè Cristo è venuto nella sesta età del genere umano, come in vecchiaia. In realtà il nostro accenno alla gioventù si riferisce al vigore e al fervore della fede che opera attraverso la carità, l'accenno alla vecchiaia riguarda la considerazione numerica del tempo. Entrambe le dimensioni possono coesistere nell'umanità presa nel suo assieme, ma non nelle diverse età di un singolo uomo. Analogamente, mentre in un corpo non vi possono essere ad un tempo giovinezza e vecchiaia, entrambe possono invece coesistere nell'animo: la prima in virtù della vivacità, la seconda della compostezza.

La quarantacinquesima è rivolta contro gli astrologi;

la quarantaseiesima tratta delle idee.

La quarantasettesima discute se talora possiamo vedere i nostri pensieri. Ivi ho detto: C'è da ritenere che i corpi angelici, che speriamo di avere un giorno, siano luminosi ed eterei . Se con questo si vuol intendere che non avremo più le membra che ora possediamo né la componente carnale, anche se resa incorruttibile, si commette un errore. Quanto alla questione relativa alla possibilità di vedere i nostri pensieri se n'è fatta una trattazione molto più approfondita nell'opera su La Città di Dio.

La quarantottesima tratta di ciò ch'è credibile;

la quarantanovesima discute perché i figli d'Israele sacrificavano visibilmente degli animali come vittime.

La cinquantesima tratta dell'uguaglianza del Figlio.

La cinquantunesima dell'uomo fatto ad immagine ed a somiglianza di Dio. Mi chiedo perché in quel contesto abbia detto che non è conforme a correttezza chiamare uomo chi non ha vita, quando invece anche il cadavere di un uomo prende il nome di uomo. Avrei dovuto almeno dire non è conforme a proprietà in luogo di non è conforme a correttezza. Ho anche detto: Non è senza ragione la distinzione per cui altro è l'immagine e la somiglianza di Dio, altro l'espressione ad immagine e a somiglianza di Dio, che esprime il modo con cui sappiamo che è stato creato l'uomo. Queste parole non vanno intese nel senso che dell'uomo non si possa dire che è immagine di Dio, stante l'ammonizione dell'Apostolo:L'uomo non deve velare il capo poiché è immagine e gloria di Dio. L'uomo però è detto anche "·ad immagine·" di Dio, il che non vale per l'Unigenito, che è solo"

·immagine·", non "·ad immagine·".

La cinquantaduesima tratta delle parole della Scrittura: "·Mi pento di aver creato l'uomo·";

la cinquantatreesima dell'oro e dell'argento che gli Israeliti ricevettero dagli Egiziani.

La cinquantaquattresima delle parole della Scrittura: "·È un bene che io sia unito a Dio·". Ivi ho detto: Chiamiamo Dio l'essere superiore ad ogni anima. Mi sarei però meglio espresso dicendo: Superiore ad ogni spirito creato.

La cinquantacinquesima tratta delle parole della Scrittura: "·Ci sono sessanta regine e ottanta concubine e ragazze senza numero·"; la cinquantaseiesima

dei quarantasei anni impiegati per costruire il tempio;

a cinquantasettesima dei centocinquantatré pesci;

la cinquantottesima di Giovanni Battista;

la cinquantanovesima delle dieci vergini·

la sessantesima delle parole della Scrittura: "·Nessuno è a conoscenza dell'ora e del giorno, né gli angeli del cielo né il Figlio dell'uomo, ma solo il Padre·".

La sessantunesima di quanto è detto dal Vangelo, che cioè: Il Signore sul monte nutrì le turbe con cinque pani. Ho detto: I due pesci stanno a significare le due note figure, quella del re e quella del sacerdote, alle quali si addice anche la ben nota sacrosanta unzione. Avrei fatto meglio a dire "·si addice in modo particolare·": leggiamo infatti che talora anche i Profeti ricevettero l'unzione. Ho anche detto: Luca, che ha introdotto Cristo come sacerdote rappresentandolo nell'atto di salire (al cielo) dopo la remissione dei peccati, risale a David attraverso Nathan: il profeta Nathan infatti era stato inviato a David e questi, da lui rimproverato, ottenne col pentimento la remissione del suo peccato. Le mie parole non vanno però intese nel senso che il profeta Nathan fosse figlio di David. Non ho detto: "·questo stesso fu inviato come profeta·" bensì: il profeta Nathan era stato inviato perché il mistero si manifesti non nell'identità della persona ma in quella del nome.

La sessantaduesima concerne queste parole del Vangelo: "·Gesù battezzava più persone di Giovanni, benché non fosse lui a battezzare, ma i suoi discepoli·". In quel contesto ho detto: Il ladrone cui fu detto: "·In verità ti dico: oggi sarai con me in Paradiso·" che non aveva neppure ricevuto il battesimo. Ho potuto accertare che altre autorità della santa Chiesa avevano affermato questo nei loro scritti, ma ignoro sulla base di quali documenti si possa con sufficiente certezza dimostrare che quel ladrone non era stato battezzato. Di questo argomento si discute più a fondo in altri miei opuscoli scritti in epoca successiva e soprattutto in quello, dedicato a Vincenzo Vittore, che tratta dell'origine dell'anima ;

La sessantatreesima tratta del Verbo;

la sessantaquattresima della donna samaritana;

la sessantacinquesima della risurrezione di Lazzaro.

La sessantaseiesima del passo della Scrittura che inizia con le parole: "·Ignorate forse, fratelli, che la legge – so di parlare a gente che la conosce – domina l'uomo per tutto il tempo della sua vita?·" e termina al punto in cui si legge: Vivificherà anche i vostri corpi mortali attraverso il suo Spirito che abita in voi. Ivi, nell'intento di spiegare le parole dell'Apostolo:Sappiamo che la legge è spirituale, mentre io sono carnale, ho detto: In altre parole do il mio assenso alla carne in quanto non sono ancora liberato dalla grazia spirituale. Queste parole non vanno intese nel senso che l'uomo spirituale, già posto sotto la grazia, non possa dire questo di sé e tutto il resto fino al passo in cui è detto: O uomo infelice che sono, chi mi libererà dal corpo di questa morte? Ho appreso in seguito questa verità, come già dichiarato in precedenza. Inoltre, illustrando le parole dell'Apostolo: Il corpo è morto a causa del peccato, ho detto: Parla di corpo morto finché esso è tale da molestare l'anima per il bisogno delle cose temporali. In seguito però mi è sembrato che fosse molto meglio intendere così: Dice che il corpo è morto in quanto ha già in sé la necessità di morire che non aveva prima del peccato.

La sessantasettesima tratta del brano della Scrittura che inizia con le parole: "·Penso che le sofferenze di questo tempo siano incommensurabili rispetto alla gloria futura che sarà rivelata in noi·" e termina con le parole: "·Siamo stati salvati nella speranza·". Nell'illustrare le parole della Scrittura: E la stessa creatura sarà liberata dalla schiavitù della morte ho detto: "·La stessa creatura·", cioè l'uomo stesso che è rimasto semplice creatura per aver perso, a causa del peccato, il sigillo dell'immagine. Tali parole non vanno intese nel senso che l'uomo aveva perso tutto ciò che possedeva dell'immagine di Dio. Se non l'avesse persa affatto non avrebbero senso espressioni quali: Rinnovatevi rinnovando la vostra mente· e: Ci trasformiamo nella medesima immagine Se però l'avesse persa del tutto non ci sarebbe più stato motivo di dire: Pur muovendosi nell'immagine, l'uomo si turba per nulla. Quanto alla mia affermazione che gli angeli superiori vivono spiritualmente e quelli inferiori animalescamente, va detto ch'essa, per quanto attiene a questi ultimi, è troppo audace per trovar conferma nelle Scritture o nella realtà dei fatti: la potrebbe forse trovare, ma con moltissima difficoltà.

La sessantottesima discute la frase della Scrittura: "·Chi sei o uomo per metterti in contraddittorio con Dio?·" In essa ho detto: La possibilità che chiunque, in seguito a peccati di non molta gravità, ma anche di peccati gravi e numerosi, diventi degno della misericordia di Dio col suo intenso pianto e col dolore del pentimento, non dipende da lui che, se fosse lasciato a se stesso, perirebbe, ma da Dio misericordioso, che viene in soccorso alle sue suppliche ed ai suoi dolori. È poco il volerlo, se Dio non ha pietà. Ma Dio, che chiama alla pace, non ha pietà se prima non la si vuole. L'affermazione si riferisce però al tempo che segue il pentimento. Ad intervenire prima ancora della stessa volontà è la misericordia di Dio, in mancanza della quale la volontà non sarebbe predisposta dal Signore. A questa misericordia si riferisce la stessa chiamata che precede anche la fede. Parlando di quest'ultima poco dopo ho detto: Questa chiamata, che agisce sia sulle singole persone sia sui popoli sia sullo stesso genere umano sfruttando i momenti opportuni, fa parte di un ordine superiore e profondo. A questo tema si riferisce il passo della Scrittura: "·Nel ventre ti ho santificato·", e l'altro: "·Mentre eri nei reni di tuo padre ti ho visto·", o l'altro ancora "·Ho amato Giacobbe, ma ho avuto in odio Esaù·" e tutti i rimanenti. Quanto alle parole: Mentre eri nei reni di tuo padre ti ho visto, mi si sono presentate come un passo della Scrittura, ma non so da dove sian tratte.

La sessantanovesima discute le parole della Scrittura: Allora il Figlio stesso sarà sottoposto a colui che gli ha sottoposto ogni cosa; la settantesima

le parole dell'Apostolo: "·La morte è stata assorbita nella vittoria. Dov'è o morte la tua contesa, dov'è, o morte, il tuo pungiglione? Il pungiglione della morte è il peccato, la forza del peccato è la legge·";

la settantunesima le parole della Scrittura: "·Portate gli uni i pesi degli altri e così adempirete la legge di Cristo·";

la settantaduesima tratta dei tempi eterni;

la settantatreesima delle parole della Scrittura: "·Fu riconosciuto come uomo per l'aspetto·";

la settantaquattresima di quanto è scritto nella Lettera di Paolo ai Colossesi: "·In lui abbiamo la redenzione, la remissione dei peccati; egli è l'immagine del Dio invisibile·"

la settantacinquesima dell'eredità di Dio;

la settantaseiesima delle parole dell'apostolo Giacomo: "·Vuoi sapere, o uomo vano, che la fede senza le opere è senza costrutto?·",

la settantasettesima del timore, se sia peccato;

la settantottesima della bellezza delle statue;

la settantanovesima discute perché i maghi del Faraone fecero dei miracoli come Mosè, servo di Dio;

l'ottantesima polemizza contro gli Apollinaristi ;

l'ottantunesima tratta dei numeri quaranta e cinquanta;

l'ottantaduesima delle parole della Scrittura: "·Il Signore castiga colui che ama, frusta ogni figlio che riconosce·";

l'ottantatreesima del matrimonio, nel passo in cui il Signore dice: "·Se qualcuno ripudia sua moglie, se non in caso di concubinato·".

XXVII (XXVI) – La menzogna, un libro

27 Ho scritto anche un libro su La menzogna che, nonostante le difficoltà che presenta una sua piena comprensione, non è inutile per l'esercizio ch'esso procura allo spirito e all'intelligenza e giova alla vita morale al fine di promuovere l'amore della verità. Avevo deciso di toglierlo dal novero delle mie opere poiché mi sembrava oscuro, complicato e assolutamente ostico e non avevo provveduto a pubblicarlo. In seguito avevo scritto un altro libro intitolato: Contro la menzogna e mi ero perciò ulteriormente confermato nella mia decisione di far sparire il precedente e avevo dato anche disposizioni al riguardo, alle quali però non fu dato corso. Avendolo poi ritrovato intatto in occasione della presente revisione, l'ho riveduto e corretto e ho disposto che rimanesse fra i miei scritti, soprattutto perché contiene delle notazioni necessarie che non vi sono nell'altro. Pertanto l'altro s'intitola: Contro la menzogna, questo: La menzogna. Quello è nella sua totalità un attacco aperto contro la menzogna, gran parte di questo discute del procedimento della ricerca. Il fine di entrambi resta comunque lo stesso.

LIBRO SECONDO

(XXVIII) – A Simpliciano, due libri

1.1 I primi due libri da me composti da vescovo sono rivolti a Simpliciano, il vescovo della Chiesa milanese succeduto al beatissimo Ambrogio e trattano di diverse questioni: due di esse, ricavate dalla Lettera dell'apostolo Paolo ai Romani, formano il primo libro. La prima riguarda il brano che incomincia con le parole: Che diremo dunque, che la legge è peccato? Certamente no! fino alle parole: Chi mi libererà dal corpo di questa morte? La grazia di Dio per mezzo di Gesù Cristo nostro Signore. Nel mio commento ho inteso le parole dell'Apostolo: La legge è spirituale, ma io sono carnale, e quanto nel brano tratta della lotta della carne contro lo spirito come descrizione dell'uomo che si trova tuttora sotto la legge, e non è ancora sotto la grazia. Molto tempo dopo ho compreso – e questa interpretazione è più probabile – che quelle possono anche essere le parole di un uomo spirituale·. La successiva questione discussa in questo libro riguarda il brano che va dalle parole: Non solo lei, ma anche Rebecca, che ebbe una prole da un'unica unione con Isacco, nostro padre, alle parole: Se il Signore degli Eserciti non ci avesse lasciato un seme saremmo divenuti come Sodoma e simili a Gomorra.

Nella soluzione di questa questione mi sono dato

molto da fare per sostenere il libero arbitrio della volontà umana, ma ha vinto la grazia di Dio, e non si è potuto che addivenire alla piena comprensione di quanto l'Apostolo afferma con somma chiarezza e verità: Chi può fare per te una distinzione? Che cosa possiedi che tu non abbia ricevuto? E se lo hai ricevuto perché te ne glori come se non lo avessi ricevuto? Volendo illustrare questo concetto il martire Cipriano l'ha integralmente condensato in un titolo: In nulla ci dobbiamo gloriare dal momento che nulla ci appartiene

1.2 Tutte le altre questioni, che riguardano esclusivamente quella parte della Scrittura recante come titolo I Regni, vengono affrontate nel secondo libro ed anche tutte risolte, compatibilmente con i miei limiti.

La prima questione riguarda il passo in cui si legge: E lo Spirito del Signore si portò su Saul, messa a confronto con l'altro: E lo spirito malvagio del Signore fu in Saul·. Nella spiegazione ho detto: Mentre è in potere di ciascuno il volere qualcosa, non lo è altrettanto il poterlo realizzare. S'è detto questo nel senso che non è in nostro potere se non ciò che, quando lo vogliamo, si realizza. La volontà ha dunque la precedenza in assoluto ed è un fatto che questa stessa volontà si presenta immediatamente appena lo vogliamo. Ma è dall'alto che riceviamo la facoltà di condurre rettamente la nostra vita, ove la volontà sia preparata dal Signore.

La seconda questione riguarda il senso delle parole: "·Mi pento di aver fatto re Saul·";

la terza discute se lo spirito immondo che era nella pitonessa abbia potuto agire in modo che Samuele fosse visto da Saul e parlasse con lui·;

la quarta delle parole: "·Entrò il re David e sedette davanti al Signore·";

la quinta delle parole di Elia: "·O Signore, testimone di questa vedova con la quale abito nella sua casa, hai fatto male a uccidere suo figlio·"·.

II (XXIX) – Contro la Lettera di Manicheo detta del fondamento, un libro

2 Il libro Contro la lettera di Manicheo detta del fondamento· ne contesta solo gli inizi. In ogni altra sua parte, però, quando mi è parso opportuno, ho inserito delle annotazioni dalle quali risulta totalmente vanificata, e che avrebbero dovuto costituire un punto d'avvio, qualora avessi avuto il tempo di estendere la mia polemica all'intera lettera.

III (XXX) – Il combattimento cristiano, un libro

3 Il libro su Il combattimento cristiano è stato scritto in un linguaggio semplice per i fratelli non esperti nella lingua latina. Contiene la regola della fede e le norme del vivere·. In esso ho detto: Non ascoltiamo coloro che negano che vi sarà la risurrezione della carne e ricordano, a sostegno, le parole dell'apostolo Paolo: "·La carne e il sangue non possederanno il regno di Dio·". Non si rendono conto che lo stesso Apostolo dice: "·Occorre che questo corpo corruttibile si rivesta di incorruttibilità e che questo corpo mortale si rivesta di immortalità·": quando questo sarà avvenuto non ci saranno più carne e sangue, ma un corpo celeste. Queste parole non vanno intese nel senso che non vi sarà più la sostanza della carne: occorre rendersi conto che l'Apostolo con i termini carne e sangue ha inteso designare la corruzione della carne e del sangue che non vi sarà più in quel regno nel quale la carne sarà incorruttibile·. È possibile anche un'altra interpretazione: potremmo intendere che l'Apostolo abbia chiamato carne e sangue le opere della carne e del sangue e che non possederanno il Regno di Dio coloro che ameranno con ostinazione tali opere.

IV (XXXI) – La dottrina cristiana, quattro libri

4.1 Avevo trovato incompleti i libri su La dottrina cristiana e preferii completare l'opera anziché lasciarla così come si trovava per passare alla revisione di altri scritti. Ho così completato il terzo libro la cui stesura giungeva fino al punto nel quale è ricordata la testimonianza della donna che, come si legge nel Vangelo, ha nascosto il lievito in tre misure di farina in attesa che fermenti il tuttoHo anche aggiunto un ultimo libro, portando l'opera a quattro. I primi tre servono ad intendere le Scritture, il quarto ad esporre quanto s'è inteso·.

4.2 A proposito di quanto avevo affermato nel secondo libro, che cioè a scrivere il libro comunemente noto come Sapienza di Salomone sarebbe stato quel medesimo Gesù, figlio di Sirach, che compose l'Ecclesiastico, appresi successivamente che le cose non stavano così e potei appurare che molto più probabilmente costui non ne era l'autore·. Dove ho detto: A questi quarantaquattro libri si limita l'autorità dell'Antico Testamento, sono ricorso all'espressione Antico Testamento seguendo l'uso della Chiesa, anche se è vero che l'Apostolo sembra ricorrere a questa espressione esclusivamente in rapporto con la legge data sul monte Sinai·. Quanto all'affermazione che S. Ambrogio avrebbe risolto una questione cronologica facendo di Geremia e di Platone dei contemporanei, trattasi in realtà di una mia caduta di memoria. Ciò che quel vescovo ha scritto su questa questione lo si legge nel libro ch'egli compose su I Sacramenti o su La filosofia·.

V (XXXII) – Contro il partito di Donato, due libri

5 Vi sono due miei libri che hanno questo titolo: Contro il partito di Donato. Nel primo avevo detto di non approvare che degli scismatici fossero costretti alla comunione dalla forza di un potere secolare.

Questo era allora il mio pensiero·, poiché non avevo ancora sperimentato quali nefandezze avrebbero osato se impuniti e quanto potesse loro giovare, per cambiare in meglio, un rigido controllo.

VI (XXXIII) – Le Confessioni, tredici libri

6.1 I tredici libri delle mie Confessioni lodano Dio giusto e buono per le azioni buone e cattive che ho compiuto, e volgono a Dio la mente e il cuore dell'uomo. Per quanto mi riguarda hanno esercitato questa azione su di me mentre li scrivevo e continuano ad esercitarla quando li leggo·. Che cosa ne pensino gli altri è affar loro: so però che sono molto piaciuti e tuttora piacciono a molti fratelli. I libri che vanno dal primo al decimo hanno me come oggetto, i rimanenti tre trattano delle Sacre Scritture a partire dalle parole: In principio Dio fece il cielo e la terra, fino al riposo del sabato.

6.2 Nel quarto libro, confessando la sofferenza del mio animo per la morte di un amico, avevo detto che le nostre due anime formavano un'anima sola. Ed avevo aggiunto: Temevo forse di morire, pensando che così sarebbe del tutto morto colui che avevo molto amato. Questa però mi sembra più una declamazione inconsistente che una confessione profonda, anche se in qualche modo questa banalità è attenuata dall'aggiunta di un forse·. Nel tredicesimo libro non ho adeguatamente meditato le parole: Il firmamento è stato creato fra le acque spirituali superiori e le acque materiali inferiori. Trattasi comunque di un argomento assai oscuro·.

Quest'opera incomincia così: Grande sei, Signore.

VII (XXXIV) – Contro il manicheo Fausto, trentatré libri

7.1 Contro il manicheo Fausto·, che attaccava con tono blasfemo la Legge, i Profeti, il loro Dio e l'incarnazione di Cristo e che diceva falsificate le Scritture del Nuovo Testamento che lo incriminano·, ho scritto un grosso lavoro nel quale riporto le sue parole opponendo loro le mie risposte. Consta di trentatré discussioni che non vedo perché non dovrei considerare libri. Alcuni sono, è vero, molto brevi, ma sono comunque libri. Uno di essi anzi, quello nel quale vien difesa la vita dei Patriarchi contro le sue accuse non è raggiunto per ampiezza da quasi nessuno degli altri miei libri.

7.2 Nel terzo libro, nello spiegare come Giuseppe potesse aver avuto due padri ho detto: Perché dall'uno era nato, mentre dall'altro era stato adottato. Avrei però anche dovuto indicare il tipo di adozione. Da quanto ho detto infatti sembra risultare che lo avesse adottato un altro padre ancora vivo. La legge dava in adozione i figli anche ai morti ordinando che il fratello sposasse la moglie del fratello morto senza figli e procurasse così al fratello defunto un discendente dalla stessa donna. Si spiega così abbastanza come si possa parlare di due padri per uno stesso uomo. Erano fratelli uterini quelli nei quali si verificò tale situazione: l'uno dei due, cioè Giacobbe, sposò la moglie dell'altro fratello defunto, che si chiamava Eli, e da lui Matteo narra che sarebbe nato Giuseppe. Ma lo generò per il suo fratello uterino il cui figlio, come dice Luca, fu Giuseppe, non però come figlio naturale, ma come figlio adottivo secondo la legge. Questo chiarimento s'è trovato in una lettera scritta da persone che ne trattarono, sfruttandone il ricordo recente, dopo l'ascensione del Signore. Africano· non ha omesso neppure il nome della donna che generò Giacobbe, padre di Giuseppe, dal precedente marito Mathan – il quale Mathan risulta appunto, secondo Matteo, padre di Giacobbe e nonno di Giuseppe – e che generò da un successivo marito di nome Melchi quell'Eli di cui Giuseppe fu il figlio adottivo. Quando rispondevo a Fausto non avevo ancor letto di tale vicenda, anche se non avevo alcun dubbio che grazie all'adozione potesse capitare che un uomo avesse due padri.

7.3 Nel dodicesimo e nel tredicesimo libro s'è discusso del secondo figlio di Noè, chiamato Cam, facendo intendere ch'egli fu maledetto dal padre in se stesso, e non in Canaan suo figlio, come risulta dalla Scrittura·. Nel quattordicesimo s'è parlato del sole e della luna come se avessero una sensibilità e per questo accettassero di avere degli sciocchi adoratori. È possibile però intendere quelle espressioni come trasferite da ciò che è animato a ciò che è inanimato, attraverso il ricorso a quella figura che in greco prende il nome di metafora. Così, per esempio, nella Scrittura si parla del mare che freme nel ventre di sua madre volendone uscire· mentre in realtà il mare non possiede volontà alcuna. Nel ventinovesimo ho scritto: Guardiamoci bene dal dire che nelle membra dei santi, anche in quelle preposte alla generazione, vi sia qualcosa di osceno. Quelle parti vengono definite indecenti in quanto non hanno l'aspetto decoroso proprio di quelle esposte alla vista. In altri nostri scritti composti successivamente s'è data una spiegazione più accettabile del motivo per cui anche l'Apostolo ha definito indecenti quelle parti: esse lo sono a causa della legge che nelle nostre membra si oppone alla legge della mente, pur essendo questa una conseguenza del peccato e non dell'originaria istituzione della natura umana.

VIII (XXXV) – Contro il manicheo Felice, due libri

8 Avevo discusso per due giorni, in chiesa, alla presenza del popolo, contro un manicheo di nome Felice·. Era venuto ad Ippona per diffondere quel medesimo errore e faceva parte dei maestri di quella setta. Benché per nulla esperto nelle arti liberali, era però più abile di Fortunato.

Quanto all'opera trattasi di Atti ecclesiastici che vengono però ugualmente annoverati fra i miei scritti. Consta di due libri nel secondo dei quali si discute del libero arbitrio della volontà sia per compiere il bene sia per commettere il male. In considerazione dell'avversario col quale dovevamo discutere non abbiamo invece sentito la necessità di trattare della grazia che rende veramente liberi coloro dei quali è scritto: Se il Figlio vi libererà, allora sarete veramente liberi.

IX (XXXVI) – La natura del bene, un libro

9 Il libro Sulla natura del bene è uno scritto antimanicheo. In esso si dimostra che Dio è una natura immutabile e si identifica col sommo bene. Da lui derivano tutte le nature sia spirituali sia materiali e tutte, in quanto nature, sono buone; vi si tratta anche della natura e dell'origine del male, mostrando quanti mali i Manichei pongano nella natura del bene e quanti beni in quella del male, nelle due nature, cioè, postulate dalla loro erronea dottrina·.

X (XXXVII) – Contro il manicheo Secondino, un libro

10 Un certo Secondino·, appartenente a quel gruppo di adepti che i Manichei non chiamano eletti, "·ma uditori·"·, e che non conoscevo neppure di vista, mi aveva scritto una lettera proclamandosi mio amico. In essa mi rimproverava rispettosamente di attaccare con i miei scritti quell'eresia e mi esortava a non farlo e ad aderire piuttosto ad essa, prendendone le difese e criticando la fede cattolica. Gli ho risposto con una lettera. Poiché tuttavia all'inizio dell'opuscolo non è riportato né il nome del mittente né quello del destinatario, esso fa parte dei miei libri e non delle mie lettere. All'inizio dello scritto ho riportato anche il testo della sua lettera. Considero questo volume, intitolato Contro il manicheo Secondino, il migliore che io abbia scritto contro quell'autentica peste che è il Manicheismo·.

XI (XXXVIII) – Contro Ilaro, un libro

11 Nel frattempo un certo Ilaro, un cattolico laico che aveva rivestito la carica di tribuno, non so perché, ma seguendo un costume alquanto diffuso, fu preso da grande irritazione contro i ministri di Dio. Ovunque poteva attaccava con critiche malevole l'uso, che incominciava allora ad affermarsi in Cartagine, di intonare dinanzi all'altare degli inni tratti dai Salmi, sia prima dell'offerta sia nel momento in cui ciò che era stato offerto veniva distribuito al popolo, sostenendo che questo non si doveva fare·. Gli ho risposto sollecitato dai fratelli e ho intitolato il libro che ne è risultato: Contro Ilaro.

XII (XXXIX) – Questioni evangeliche, due libri

12 Trattasi di alcune note esplicative a passi del Vangelo secondo Matteo e ad altri di quello secondo Luca: le une sono raccolte nel primo libro, le altre nel secondo. Titolo di quest'opera è: Questioni evangeliche. Il prologo da me premesso all'opera spiega sufficientemente perché trovano posto in questi miei libri solo le questioni tratte da quei Vangeli e quali esse sono·. Ho anche aggiunto un elenco numerato delle questioni per permettere a chiunque di trovare subito, con l'ausilio dei numeri, ciò che desidera. Nel primo libro, là dove ho detto che il Signore rivelò separatamente a due discepoli la sua passione, sono stato tratto in inganno da un errore del mio testo·: la lezione esatta è dodici, non due. Nel secondo libro volevo chiarire in che senso Giuseppe, la cui sposa è detta la Vergine Maria, avesse avuto due padri ed ho pertanto scritto: Non è esatto quanto si dice, che cioè il fratello avesse sposato la moglie del fratello defunto per assicurargli una discendenza secondo la legge: questa infatti ordinava che il nascituro prendesse il nome del defunto. Ma quanto da me affermato non è vero: la legge stabiliva che la menzione del nome del defunto servisse ad assicurare che il nascituro fosse dichiarato suo figlio, non che ne prendesse il nome·.

XIII (XL) – Annotazioni al libro di Giobbe, un libro

13 Non mi sarebbe facile dire se questo libro intitolato Annotazioni al libro di Giobbe sia opera mia o di coloro che, come hanno potuto o voluto, hanno raccolto quelle annotazioni in un unico testo, trascrivendole dai margini del manoscritto·. Sono di gradevolissima lettura per i pochissimi che sono in grado di comprenderle. È però inevitabile ch'essi si trovino in difficoltà per l'incomprensibilità di molti tratti: capita infatti spesso che gli stessi passi commentati non siano riportati in modo che risulti evidente l'oggetto del commento. Inoltre alla concisione dei pensieri s'accompagna una tale oscurità che il lettore riesce con difficoltà a sopportarla ed è costretto a sorvolare sopra molte parti senza averle comprese. Ho infine trovato il testo di quest'opera in un tale stato di corruzione nei codici da me posseduti che non sono riuscito a correggerlo. Non vorrei che si dicesse che l'ho pubblicato, ma so che dei fratelli lo posseggono e non ho potuto sottrarmi a un loro desiderio.

XIV (XLI) – La catechesi degli incolti, un libro

14 C'è un nostro libro su La catechesi degli incolti che reca questo stesso titolo·. In esso ho detto: E l'angelo che assieme agli altri spiriti, suoi schiavi, abbandonò per superbia l'obbedienza a Dio e divenne il diavolo, non nocque a Dio, ma a se stesso. Dio sa infatti ricollocare nell'ordine le anime che lo abbandonano.

Sarebbe più corretto dire: Gli spiriti che lo avevano abbandonato, dal momento che si trattava di angeli.

XV (XLII) – La Trinità, quindici libri

15.1 Ho impiegato alcuni anni per comporre i libri su La Trinità, che è Dio. Già però nel tempo in cui non ero ancora giunto alla fine del dodicesimo e avevo trattenuto presso di me quelli già composti troppo a lungo rispetto all'aspettativa di coloro che avrebbero voluto averli, quei libri mi vennero sottratti, pur non essendo ancora corretti come avrebbero potuto e dovuto esserlo al momento in cui avessi deciso di pubblicarli. Quando me ne accorsi, visto che me n'erano rimasti altri esemplari, decisi di non pubblicarli di persona, ma di conservarli, ripromettendomi di chiarire l'accaduto in qualche altro mio scritto. In seguito però alle pressioni dei fratelli, alle quali non seppi resistere, provvidi a correggerli nei limiti che ritenni opportuno, completai l'opera e la pubblicai. Premisi al testo una lettera, indirizzata al venerabile Aurelio, vescovo della Chiesa di Cartagine, e in questa sorta di prologo esposi ciò che m'era accaduto, ciò che avevo avuto in mente di fare e ciò che in realtà avevo fatto per l'affettuosa pressione dei fratelli·.

15.2 Nell'undicesimo libro, trattando del corpo visibile ho detto: Perciò amarlo equivale a una pazzia. L'affermazione vale per quel tipo d'amore secondo il quale si pensa che, godendo dell'oggetto del proprio amore, si possa esser felici. Non è invece follia amare una bellezza sensibile in lode del Creatore e giungere così alla felicità vera godendo dello stesso Creatore·. Ho ugualmente detto nel medesimo libro: Non mi ricordo di un volatile quadrupede, perché non l'ho visto, ma riesco facilmente a costruirne l'immagine aggiungendo a un tipo di volatile che ho visto oltre due altre zampe che pure ho visto. Dicendo questo non ero riuscito a ricordarmi dei volatili quadrupedi dei quali parla la Legge. Essa non annovera fra i piedi le due zampe posteriori che servono alle cavallette per saltare. Definisce inoltre queste ultime monde, distinguendole così da quei consimili volatili immondi che non riescono a saltare con quelle zampe come gli scarabei. Tutti gli animali di questo tipo son definiti nella Legge volatili quadrupedi·.

15.3 Non mi soddisfa la spiegazione da me data nel dodicesimo libro delle parole dell'Apostolo: Ogni peccato compiuto dall'uomo è fuori del suo corpo. Quanto alle parole: Chi commette fornicazione pecca contro il proprio corpo non penso vadano intese nel senso che si macchia di fornicazione colui che compie un'azione per ottenere i piaceri che si presentano attraverso il corpo e pone in questo il fine del suo bene. Tale comportamento comprende un numero ben maggiore di peccati di quello di fornicazione, che vien perpetrato in una unione illecita e del quale soltanto sembra parlare l'Apostolo nel passo citato·.

XVI (XLIII) – L'accordo fra gli Evangelisti, quattro libri

16 Nei medesimi anni nei quali a poco a poco venivo dettando i miei libri su La Trinità ne ho scritti anche altri, sfruttando, con una perenne attività, il tempo lasciato libero dai primi. Di questi fan parte i quattro libri sull'accordo fra gli Evangelisti, rivolti contro coloro che li calunniano come fossero in contrasto fra loro·. Il primo è scritto contro coloro che onorano o fingono di onorare Cristo come un uomo di grande sapienza, ma non credono al Vangelo in quanto scritto non da lui, ma dai suoi discepoli che a torto gli attribuirebbero la divinità per cui è creduto Dio·. In questo libro ho detto che gli Ebrei traggono origine da Abramo ed è perciò anche credibile che il nome Ebrei derivi da un originario Abraei. È però più esatto intendere ch'essi traggano il loro nome da colui che era chiamato Eber· e ch'essi fossero detti originariamente Eberei. Di questo argomento ho trattato piuttosto ampiamente nel libro sedicesimo de La Città di Dio. Nel secondo, trattando dei due padri di Giuseppe, ho detto che dall'uno era stato generato e dall'altro adottato. Avrei dovuto dire: adottato per l'altroDi fatto – ed è più credibile – era stato adottato, secondo la legge per il defunto, in quanto colui che lo aveva generato aveva sposato sua madre, in quanto moglie del fratello defunto. Ho anche detto: Luca risale allo stesso David attraverso Nathan e per mezzo di questo profeta Dio fece

espiare a David il suo peccato. Avrei dovuto dire: Per mezzo di un profeta di quel nome, e ciò perché non si ritenesse trattarsi della stessa persona: in effetti si trattava di un altro, nonostante il nome uguale.

XVII (XLIV) – Contro la lettera di Parmeniano, tre libri

17 Nei tre libri Contro la lettera di Parmeniano, vescovo dei Donatisti di Cartagine e successore di Donato·, vien dibattuta e condotta a soluzione una grossa questione. Vi si discute se nell'unità e nella comunione degli stessi sacramenti i cattivi possano contaminare i buoni e come accada che non li contaminino. Trattasi di una questione che coinvolge la Chiesa diffusa in tutto il mondo dalla quale essi, ricorrendo a calunnie, hanno defezionato con lo scisma.

Nel terzo libro, discutendo il senso delle parole dell'Apostolo: Togliete il male da voi stessi, avevo inteso che significassero: Ciascuno tolga il male da se stesso. Ch'esse non vadano intese così, ma indichino piuttosto l'esigenza che l'uomo malvagio sia allontanato dalla società dei buoni, come avviene grazie alla disciplina della Chiesa, risulta abbondantemente dal testo greco. In esso non c'è ambiguità in quanto da ciò ch'è scritto si può intendere solo il malvagio e non il male·. Ciò non toglie che io abbia risposto a Parmeniano anche in base a questa seconda interpretazione.

XVIII (XLV) – Il battesimo, sette libri

18 Contro i Donatisti, che cercavano di difendersi rifacendosi all'autorità del beatissimo vescovo e martire Cipriano, ho scritto sette libri su Il battesimo. In essi ho dimostrato che, per confutare i Donatisti e chiudere loro definitivamente la bocca, perché la smettano di difendere il loro scisma, nulla è più efficace degli scritti e del comportamento di Cipriano·. Dovunque in quei libri ho parlato di una Chiesa senza macchia e senza ruga non si deve intendere che già lo sia, ma che si prepara ad esserlo al momento in cui si rivelerà anche gloriosa. Per ora, a causa di certa ignoranza e fragilità dei suoi membri, ha ogni giorno motivo di dire a nome della totalità dei fedeli: Rimetti a noi i nostri debiti·. Nel quarto libro, a sostegno dell'affermazione che la sofferenza può sostituire il battesimo, ho addotto il noto episodio del ladrone. Trattasi però di esempio poco adatto in quanto non si sa se il ladrone non avesse effettivamente ricevuto il battesimo·. Nel settimo libro, a proposito dei vasi d'oro e d'argento posti in una grande casa, ho seguito l'interpretazione di Cipriano, il quale considerava questi come beni, e quelli di legno e d'argilla come mali, riferendo ai primi le parole: Alcuni per usi onorevoli e ai secondi le parole: Altri per usi riprovevoli. Mi convince di più però l'interpretazione che in seguito ho trovato o rilevato in Ticonio. Secondo tale interpretazione in entrambe le categorie di vasi ve ne sono di posti in

onore, che non sono solo quelli d'oro e d'argento, e allo stesso modo in entrambe le categorie ve ne sono di abietti, che non sono solo quelli di legno e d'argilla.

XIX (XLVI) – Contro le osservazioni presentate da Centurio, del partito dei Donatisti, un libro·

19 Mentre ci davamo molto da fare con continue discussioni Contro il partito dei Donatisti, un laico, che allora faceva parte del loro gruppo, presentò in chiesa delle osservazioni contro di noi, in forma orale o scritta, condensando il tutto in poche proposizioni che suffragherebbero la loro causa. A queste ho risposto molto brevemente·. Il titolo di questo libretto è: Contro le osservazioni presentate da Centurio, del partito dei Donatisti.

XX (XLVII) – Risposte ai quesiti di Gennaro, due libri

20 I due libri intitolati Risposte ai quesiti di Gennaro contengono molte discussioni sulla pratica dei sacramenti·, considerandone sia gli aspetti che la Chiesa osserva universalmente, sia su quelli che osserva con modalità particolari, vale a dire non allo stesso modo in tutti i luoghi·. Non si è potuto tuttavia parlare di tutti, ma si è data un'adeguata risposta a tutte le domande. Il primo di questi libri è una lettera, recando in testa il nome del mittente e del destinatario. L'opera è tuttavia ugualmente annoverata fra i miei libri, poiché il successivo, che non reca il mio nome e quello del destinatario, è molto più lungo e tratta un numero maggiore di argomenti·. Nel primo libro, a proposito della manna, ho detto che provocava al palato il gusto che ciascuno desiderava, ma non so su quale base scritturistica il fatto possa trovare conferma, ove si escluda il Libro della Sapienza, cui gli Ebrei non attribuiscono autorità canonica·. Ciò poté comunque verificarsi per coloro che erano rimasti fedeli a Dio, ma non per quelli che mormoravano contro di lui: non avrebbero infatti desiderato altri cibi se la manna avesse assunto il sapore che desideravano·.

XXI (XLVIII) – Il lavoro dei monaci, un libro

21 Fu la forza delle circostanze che mi costrinse a scrivere un libro su Il lavoro dei monaci. In Cartagine incominciavano a costituirsi dei monasteri·, ma mentre alcuni monaci si mantenevano con le proprie mani in obbedienza all'Apostolo·, altri volevano vivere con le offerte delle persone religiose: non facendo nulla per avere o supplire al necessario, ritenevano e si vantavano di adempiere meglio il precetto evangelico, espresso dalle parole del Signore: Guardate i volatili del cielo e i gigli del campo. In tale situazione anche fra i laici non totalmente impegnati sulla via della perfezione, ma dal temperamento focoso, sorsero violenti contrasti che turbavano la Chiesa, sostenendo gli uni una tesi e gli altri quella contraria. A ciò s'aggiungeva che alcuni di coloro che sostenevano l'astensione dal lavoro avevano la chioma lunga·. S'accrescevano perciò i contrasti fra accusatori da una parte e difensori dall'altra, in proporzione con la passionalità delle parti in lotta. In seguito a questi fatti il vecchio Aurelio, vescovo della chiesa cittadina, mi ordinò di scrivere qualcosa in proposito, ed io l'ho fatto.

XXII (XLIX) – La dignità del matrimonio, un libro

22.1 L'eresia di Gioviniano, che equiparava il merito acquisito dalle sante vergini alla castità matrimoniale, si affermò a tal punto nella città di Roma che si diceva avesse indotto alle nozze anche alcune religiose, sulla cui pudicizia non era stato avanzato in precedenza alcun dubbio. Esercitava su di loro tale pressione argomentando soprattutto in questo modo: "·Sei dunque migliore di Sara, migliore di Susanna o di Anna?·". E ricordava tutte le altre donne maggiormente portate ad esempio dalla Scrittura alle quali esse non avrebbero potuto pretendere di essere superiori od anche eguali. In questo modo, ricordando e paragonando i padri coniugati, distruggeva anche la sacralità del celibato di uomini autenticamente santi. La Santa Chiesa del luogo fece opposizione a questa mostruosità con grande forza e fedeltà·. Queste sue argomentazioni, che nessuno osava proporre pubblicamente, sopravvissero tuttavia in certe discussioni appena sussurrate. Ho dovuto allora, con l'aiuto che il Signore mi concedeva, porre rimedio a tali veleni e alla loro occulta diffusione. E a maggior ragione ho dovuto farlo in quanto si pretendeva che a Gioviniano fosse possibile opporsi non lodando, ma solo condannando il matrimonio·. Per tali ragioni ho scritto un libro intitolato: La dignità del matrimonio. In esso però, visto che il tema dell'opera sembra riguardare l'unione di corpi mortali, non ho affrontato, rimandandolo ad altra occasione, il problema relativo alla propagazione della prole prima che gli uomini meritassero la morte col peccato. Trattasi di una questione importante, ma penso di averne sufficientemente trattato in libri successivi·.

22.2 In un passo ho detto: Ciò che è il cibo per la conservazione del corpo, lo è l'unione sessuale per la conservazione del genere umano. In entrambi i casi interviene un piacere carnale, ma esso, ridotto entro i suoi limiti e indirizzato, grazie al freno della temperanza, verso il suo uso naturale, non può essere passione. S'è detto questo perché non è passione il buono e corretto uso della passione. Come è male un cattivo uso dei beni, così è bene un buon uso dei mali. Di questo argomento ho trattato più approfonditamente altrove, soprattutto in polemica con i nuovi eretici seguaci di Pelagio. Non approvo pienamente quanto ho detto di Abramo, che cioè il padre Abramo, che pure aveva una moglie, era pronto per obbedienza a restare senza il suo unico figlio dopo averlo ucciso di persona. C'è piuttosto da ritenere ch'egli credesse che suo figlio, se ucciso, gli sarebbe stato subito restituito tramite la risurrezione, come si legge nella Lettera agli Ebrei.

XXIII (L) – La santa verginità, un libro

23 Dopo che avevo scritto su La dignità del matrimonio ci si aspettava che scrivessi su La santa verginità. Non ho frapposto indugi e, per quanto ho potuto nei limiti di un unico libro, ho mostrato quanto sia grande questo dono di Dio e con quanta umiltà vada custodito·.

XXIV (LI) – L'interpretazione letterale della Genesi, dodici libri

24.1 Nel medesimo tempo ho scritto dodici libri Sulla Genesi, dall'inizio alla cacciata di Adamo dal Paradiso, quando fu collocata la spada di fuoco a difesa del passaggio verso l'albero della vita. Quando, a questo punto, avevo già condotto a termine undici libri, ne ho aggiunto un dodicesimo, nel quale si discute assai approfonditamente del paradiso. Titolo di questi libri è: L'interpretazione letterale della Genesi, dove per letterale s'intende un'interpretazione non allegorica, ma fondata sui fatti visti nella loro realtà storica. In quest'opera i problemi affrontati sono in numero maggiore delle soluzioni proposte e queste ultime solo in numero piuttosto limitato possono dirsi definitive, mentre tutte le altre questioni sono presentate in modo tale da aver bisogno di ulteriori approfondimenti. Questi libri li ho iniziati dopo e terminati prima del mio scritto su La Trinità. Ne parlo perciò ora seguendo l'ordine in cui li ho iniziati·.

24.2 Nel quinto libro e dovunque in quest'opera ho parlato della stirpe cui era stata fatta la promessa e che fu deposta per tramite degli angeli nelle mani di un Mediatore il testo citato non corrisponde a quello dell'Apostolo, come ho potuto constatare in seguito consultando i codici migliori, soprattutto greci. In essi è detto della Legge ciò che molti codici latini, per un errore del traduttore, presentano come detto della stirpe·. Quanto ho detto nel sesto libro, che cioè Adamo aveva perso col peccato l'immagine di Dio in base alla quale era stato creato, non va inteso nel senso che di quell'immagine non fosse rimasto nulla, bensì che s'era talmente deformata da richiedere una restaurazione·. Nel dodicesimo penso che avrei dovuto insegnare che gli inferi sono sotterra, piuttosto che chiarire perché si crede o si dice che si trovino colà·, dando così da pensare che le cose non stiano propriamente così.

XXV (LII) – Contro la lettera di Petiliano, tre libri

25 Prima di terminare i libri su La Trinitàe quelli su L'interpretazione letterale della Genesi mi si impose l'urgenza di rispondere alla lettera che il donatista Petiliano aveva scritto contro la Cattolica, né a tale incombenza potei frapporre indugio alcuno. Ho scritto allora tre volumi contro questo bersaglio. Col primo ho risposto, con quanta maggiore rapidità e verità ho potuto, alla prima parte della lettera ch'egli aveva indirizzato ai suoi: era infatti caduta fra le mie mani solo questa esigua prima parte e non la lettera nella sua integrità. Anche la mia lettera è indirizzata ai nostri, ma è annoverata fra i miei libri in quanto seguono altri due libri sul medesimo tema. In seguito ho potuto mettere le mani sull'intera lettera e ho fornito la mia risposta con lo stesso impegno da me prodigato nei riguardi del manicheo Fausto. Dapprima ho riportato particolareggiatamente sotto il suo nome le sue testuali parole e ho quindi aggiunto, sotto il mio, le mie risposte ad ogni sua affermazione. Ciò che avevo scritto prima del reperimento dell'intera lettera giunse però nelle mani di Petiliano ed egli, adirato, tentò di rispondermi, dicendo contro di me tutto quello che gli passava per la testa, ma mostrandosi del tutto sprovveduto per quanto atteneva al merito della questione. E benché questo potesse essere facilmente avvertito confrontando i nostri scritti, mi sono sforzato di dimostrarlo con le

mie risposte, pensando ai meno provveduti. Così alla mia opera s'è aggiunto un terzo libro·.

Quest'opera nel primo libro incomincia così: Sai che noi abbiamo spesso voluto;

nel secondo così: Alla prima parte della lettera di Petiliano;

nel terzo così: Ho letto, Petiliano, la tua lettera.

XXVI (LIII) – Contro il grammatico Cresconio del partito di Donato, quattro libri

26 Anche un grammatico donatista di nome Cresconio aveva trovato la lettera con la quale avevo attaccato la prima parte della lettera di Petiliano, la sola che m'era capitata allora fra le mani. Ritenne di dovermi rispondere e lo fece con uno scritto. A questa sua opera risposi con quattro libri, concentrando dapprima in tre soltanto tutto quanto la risposta richiedeva. Mi accorsi però che si poteva rispondere a tutto ciò che aveva scritto, prendendo unicamente lo spunto dalla questione dei Massimianisti, che i Donatisti avevano condannato come scismatici, ma ne avevano poi reinseriti alcuni nella loro dignità senza ripetere il battesimo ricevuto fuori della comunione con loro·. Aggiunsi allora un quarto libro nel quale confermavo tutto questo col maggiore impegno e con la maggiore chiarezza possibile. Al tempo della stesura di questi quattro libri l'imperatore Onorio aveva già promulgato le sue leggi contro i Donatisti·.

XXVII (LIV) – Un libro di prove e di testimonianze contro i Donatisti

27 In seguito mi premurai di far giungere ai Donatisti la necessaria documentazione contro il loro errore ed a favore della verità Cattolica traendola dagli Atti ecclesiastici, da quelli pubblici e dalle Scritture canoniche. Dapprima mi limitai a farne loro per iscritto esplicita promessa, in modo che fossero loro stessi a farne possibilmente richiesta. Poiché lo scritto contenente la promessa giunse nelle mani di alcuni di loro, ci fu un tale che, rimanendo anonimo, polemizzò contro quello scritto confessando di essere Donatista, quasi che fosse quello il suo nome. Per rispondergli scrissi un altro libro. Unii quindi la documentazione che avevo promesso al breve scritto, nel quale quella promessa era stata formulata, e ne feci un solo opuscolo che resi di pubblico dominio, facendolo esporre nelle pareti della basilica che era stata dei Donatisti. Il titolo è: Prove e testimonianze contro i Donatisti·. In questo libro, parlando dell'assoluzione di Felice di Apthungi, che aveva consacrato Ceciliano, sono caduto in un errore di cronologia, come ho potuto successivamente constatare attraverso il rigoroso controllo dei consoli: avevo posto l'assoluzione di Felice dopo quella di Ceciliano, mentre in realtà avvenne prima·. Ho anche ricordato le parole dell'apostolo Giuda là dove dice: Costoro son coloro che si separano, da animali quali sono, non possedendo lo spirito. Ho poi

aggiunto: Di essi parla anche l'apostolo Paolo dicendo: "·Ma l'uomo animale non percepisce le cose che appartengono allo spirito di Dio·". Orbene, costoro non sono paragonabili a quelli che lo scisma separa del tutto dalla Chiesa.

Dei primi l'Apostolo dice che sono i piccoli in Cristo ch'egli nutre col latte in quanto non sono ancora in grado di assumere il cibo; gli altri non sono da annoverare fra i figli piccoli·, ma fra i morti e i perduti, e se qualcuno di loro si corregge dei suoi errori e vien recuperato alla Chiesa, di lui si potrà dire a ragione: Era morto ed è tornato a vivere, era perduto ed è stato ritrovato·.

XXVIII (LV) – Contro un Donatista sconosciuto, un libro

28 Volli che il titolo del secondo libro di cui ho parlato fosse: Contro un Donatista sconosciuto·. Anche in questo libro non è esatta la datazione dell'assoluzione di colui che aveva ordinato Ceciliano·. Inoltre nella frase: Alla massa delle erbacce, immagine sotto la quale dobbiamo intendere tutte le eresie, manca una indispensabile congiunzione. Avrei dovuto dire: Dobbiamo intendere anche tutte le eresie oppure: Dobbiamo altresì intendere tutte le eresie. Mi ero espresso in quel modo volendo intendere che al di fuori della Chiesa ci sono solo erbacce: escludevo invece che ci fossero erbacce anche nella Chiesa, senza considerare che la Chiesa è il regno di Cristo dal quale gli angeli elimineranno tutti gli scandali al tempo della mietitura·. In questo senso si esprime anche il martire Cipriano là dove dice: Anche se sembra che nella Chiesa ci siano erbacce, non devono restarne menomate la nostra fede o la nostra carità, e vedendo che ci sono erbacce nella Chiesa non dobbiamo essere indotti ad allontanarcene. Abbiamo sostenuto questa interpretazione anche in altra sede e soprattutto nella conferenza tenuta in presenza degli stessi Donatisti.

XXIX (LVI) – Avvertimento ai Donatisti a proposito dei Massimianisti, un libro

29 Avevo constatato che per molti la fatica della lettura costituiva un impedimento a rendersi conto dell'irragionevolezza e della mancanza di aderenza alla verità del partito di Donato. Ho composto allora un brevissimo scritto e ho ritenuto di dovere in esso limitare il mio ragguaglio ai soli Massimianisti, nella convinzione che la facilità di trarne più copie ne assicurasse una maggiore diffusione e che la brevità ne rendesse più agevole la memorizzazione·. L'ho intitolato: Avvertimento ai Donatisti a proposito dei Massimianisti.

XXX (LVII) – La divinazione dei demoni, un libro

10 Nel medesimo tempo, in seguito a una discussione, mi son visto costretto a scrivere un opuscolo Sulla divinazione dei demoni, che reca questo stesso titolo·. In esso, da qualche parte, ho detto: I demoni talora vengono a conoscenza con grande facilità delle decisioni degli uomini, e non solo di quelle manifestate verbalmente, ma anche di quelle concepite solo col pensiero, quando trovano espressione, da parte dell'anima, in segni fisici esterni. Sono stato però troppo avventato per dare per certo un fatto così misterioso. S'è accertato talora sperimentalmente che i pensieri possono venire a conoscenza dei demoni. Se esistano però dei segni fisici esterni del pensiero, che i demoni riescono ad avvertire e a noi restano sconosciuti, o se essi conoscano il contenuto dei pensieri grazie ad un'altra facoltà attinente al mondo dello spirito è qualcosa che gli uomini possono appurare solo con grande difficoltà, e sempre che non siano destinati ad ignorarlo del tutto·.

XXXI (LVIII) – Soluzione di sei questioni contro i pagani

31 In questo frattempo mi vennero inviate da Cartagine sei questioni da parte di un amico che desideravo divenisse cristiano·. Suo intendimento era che la loro soluzione fosse in chiave antipagana, e chiedeva questo in considerazione soprattutto del fatto che, alcune di esse, a suo dire, sarebbero state avanzate dal filosofo Porfirio·. Per me non si tratta però di quel Porfirio, di origine siciliana, la cui fama è diffusa dovunque·. Ho raccolto la discussione di queste questioni in un solo libro di modesta estensione e che si intitola: Soluzione di sei questioni contro i pagani.

La prima questione riguarda la risurrezione·;

la seconda il tempo in cui è sorta la religione cristiana;

la terza la distinzione dei sacrifici;

la quarta le parole della Scrittura: "·Sarete valutati con la stessa misura con la quale avrete valutato·";

la quinta il figlio di Dio secondo Salomone;

la sesta il profeta Giona.

Nella trattazione della seconda ho detto: La salvezza offerta da questa religione, che per essere l'unica vera promette veracemente la vera salvezza, non è stata mai negata ad alcuno che ne fosse degno e se a qualcuno è stata negata è perché non ne era degno. Non ho però inteso dire che ognuno· ne sia stato degno per i suoi meriti. Il senso che si deve dare a degno è quello che si evince dalle parole dell'Apostolo dove dice: Non alla luce delle opere, ma della chiamata è stato detto: Il maggiore servirà il minore. E questa chiamata – asserisce l'Apostolo – dipende da una decisione di Dio. Dice perciò: Non secondo le nostre opere, ma secondo la sua decisione e la sua grazia. E ancora: Sappiamo che per coloro che amano Dio tutto coopera al bene, per coloro che sono stati chiamati in seguito a una sua decisione. E di questa chiamata dice: Che vi ritenga degni della sua santa chiamata·.

XXXII (LIX) – Commento alla Lettera di Giacomo alle dodici tribù·

32 Tra i miei opuscoli ho trovato anche un Commento alla Lettera di Giacomo. Nel revisionarla mi sono accorto che si trattava piuttosto di note di commento ad alcuni passi raccolte in un libro dall'opera diligente dei fratelli, che non avevano voluto lasciarle nei margini del codice. Le note sono di qualche utilità: solo che della lettera che leggevamo quando avevamo dettato queste note non avevamo una buona traduzione dal greco·.

XXXIII (LX) – Il castigo e il perdono dei peccati e il battesimo dei bambini, a Marcellino, tre libri

33 Mi accadde anche di essere costretto per necessità a scrivere in polemica con la nuova eresia di Pelagio contro la quale, in precedenza, ci eravamo all'occorrenza mossi non con opere scritte, ma con sermoni e conferenze secondo la possibilità e il dovere di ognuno di noi. Mi avevano inviato da Cartagine le questioni ch'essi ponevano perché le confutassi con le mie risposte. Dapprima scrissi tre libri intitolati: Il castigo e il perdono dovuto ai peccati e la loro remissione·. In essi si discute soprattutto del battesimo da impartire ai bambini a causa del peccato originale e della grazia di Dio: è in virtù di questa grazia che siamo giustificati, vale a dire che diventiamo giusti, anche se in questa vita nessuno osserva i comandamenti della giustizia senza che gli si presenti la necessità di dire, pregando per i suoi peccati: Rimmettici i nostri debiti·. In opposizione a tutto questo essi avevano fondato una nuova eresia. In questi libri avevo ancora ritenuto di dover passare sotto silenzio i loro nomi, nella speranza che potessero correggersi. Anche nel terzo libro, poi, – che in realtà è una lettera, ma va computata fra i libri avendo io deciso di unirla agli altri due per farne un'unica opera – ho fatto il nome dello stesso Pelagio, e l'ho fatto non senza qualche positivo apprezzamento, visto che

molti mostravano di apprezzarne la condotta di vita. Mi ero inoltre limitato a criticare nei suoi scritti le idee esposte non a titolo personale, ma come espressione del pensiero di altri, anche se in seguito, divenuto eretico, avrebbe sostenuto quelle stesse idee con caparbia animosità. Eppure il suo discepolo Celestio, per asserzioni dello stesso tipo, s'era meritato la scomunica· in un processo intentatogli in Cartagine da un tribunale episcopale di cui personalmente non facevo parte. In un passo del secondo libro, pur riservandomi di approfondire meglio l'argomento in altra occasione, ho detto: Alla fine del mondo ad alcuni sarà concesso il privilegio di non fare l'esperienza della morte grazie al repentino mutamento della loro condizione. O infatti non morranno oppure, passando con una rapidissima trasformazione, come in un batter di ciglio, da questa vita alla morte e dalla morte alla vita eterna, non sperimenteranno la morte.

XXXIV (LXI) – L'unicità del battesimo contro Petiliano. A Costantino, un libro

34 In quel medesimo periodo un mio amico ricevette da un non meglio identificato prete donatista un libro su L'unicità del battesimo il cui autore, a suo dire, sarebbe stato Petiliano, vescovo di Costantinopoli per conto della loro setta. Lo portò a me e mi espresse un pressante invito a confutarlo, il che io feci. Volli altresì che il libro contenente la mia confutazione recasse lo stesso titolo: L'unicità del battesimo. Nel libro ho detto: L'imperatore Costantino non aveva rifiutato la facoltà d'accusa ai Donatisti, che avevano incriminato Felice di Aphthugni, colui che aveva ordinato Ceciliano, pur avendo accertato ch'essi erano ricorsi alle false calunnie contro Ceciliano. Mi sono però successivamente accorto, dopo aver esaminato la cosa, che non era stato questo l'ordine dei fatti. In realtà il menzionato imperatore aveva dapprima fatto ascoltare la causa di Felice dal proconsole, che lo aveva mandato assolto; in seguito aveva di persona ascoltato Ceciliano con i suoi accusatori e lo aveva trovato innocente, e fu in questa occasione che s'accorse ch'essi ricorrevano alle calunnie nell'accusarlo·. Quest'ordine cronologico, ricavato dall'indicazione dei consoli, mette ancor più in evidenza in quella causa le calunnie dei Donatisti e li distrugge inesorabilmente, come ho dimostrato altrove.

XXXV (LXII) – I Massimianisti contro i Donatisti, un libro·

35 Ho composto, fra l'altro, anche un libro contro i Donatisti non brevissimo, come avevo fatto in precedenza, ma ampio e scritto con cura molto maggiore. In esso risulta con molta evidenza come la causa dei Massimianisti, che si sono distaccati dal partito stesso di Donato, sia sufficiente da sola a travolgere i loro empio e tracotante errore contro la Chiesa cattolica·.

XXXVI (LXIII) – La grazia del Nuovo Testamento ad Onorato, un libro

16 Nel medesimo periodo nel quale eravamo fortemente impegnati contro i Donatisti ed avevamo incominciato ad esserlo contro i Pelagiani un amico mi inviò da Cartagine cinque questioni e mi chiese di fornirne per iscritto la soluzione·. Le cinque questioni sono le seguenti:

Che senso ha l'esclamazione del Signore: "·Dio mio, Dio mio perché mi hai abbandonato?·";

Che significano le parole dell'Apostolo: "·Che voi, radicati e fondati nella carità, siate in grado di comprendere con tutti i Santi quale sia la larghezza, la lunghezza, l'altezza e la profondità·";

chi sono le cinque vergini stolte e le cinque vergini sagge;

che sono le tenebre esterne;

come va intesa l'espressione: "·Il Verbo si è fatto carne·.

Per parte mia, vedendo che l'eresia di cui s'è detto costituiva un nuovo movimento contrario alla grazia di Dio, mi posi una sesta questione circa la grazia del Nuovo Testamento. Nella trattazione di quest'ultima intercalai l'illustrazione del Salmo ventunesimo, all'inizio del quale compare l'invocazione del Signore sulla croce, che il mio amico mi aveva chiesto di spiegargli per prima. Risolsi comunque tutte e cinque le questioni, ma non nell'ordine nel quale mi erano state proposte, bensì in quello nel quale potevano di volta in volta presentarsi, in coerenza con lo sviluppo del mio discorso sulla grazia del Nuovo Testamento.

XXXVII (LXIV) – Lo spirito e la lettera a Marcellino, un libro

37 Mi capitò di ricevere una missiva da parte di colui al quale avevo rivolto i tre libri intitolati: Il castigo dovuto ai peccati e la loro remissione, nei quali si discute approfonditamente anche del battesimo dei bambini. In essa mi diceva di essere rimasto impressionato dalla mia affermazione secondo la quale un uomo può essere senza peccato ove, con l'aiuto di Dio, non venga meno la sua volontà, anche se si deve ammettere che in questa vita un uomo che abbia raggiunto un grado di così perfetta giustizia né è esistito in passato, né esiste al presente né esisterà in futuro. Mi chiedeva come potessi affermare la possibilità di un evento del quale non si dà esempio alcuno! Per rispondere a questa sua istanza ho scritto un libro intitolato: Lo Spirito e la lettera, che disserta sulle parole dell'Apostolo: La lettera uccide, lo Spirito dà vita. In questo libro con l'aiuto di Dio ho discusso con forza contro i nemici della grazia di Dio, che giustifica l'empio.

Trattando delle osservanze dei Giudei, che si astengono da determinati cibi secondo l'antica legge, ho detto: le cerimonie di certi cibi, ricorrendo a un termine che non è nell'uso delle Sacre Scritture. Avevo però ritenuto congruente questo vocabolo poiché ricordavo che cerimonia sta per carimonia e deriva da carere, in quanto coloro che l'osservano mancano dei cibi dai quali si astengono·. Se poi esiste un'altra derivazione di questo termine in contrasto con la vera religione non è ad essa che intendevo riferirmi, ma a quella di cui s'è detto.

Questo libro incomincia così: In seguito alla lettura degli opuscoli che avevo elaborato per te, carissimo figlio Marcellino.

XXXVIII (LXV) – La fede e le opere, un libro

38 Nel frattempo alcuni fratelli laici, ma impegnati nello studio delle Sacre Scritture, mi avevano inviato degli scritti. In essi si distingueva fra fede cristiana e opere buone e si sosteneva che senza la fede non è possibile giungere alla vita eterna, mentre non sono ugualmente indispensabili le opere buone. Risposi loro con un libro intitolato: La fede e le opere·. In esso ho discusso non solo il comportamento che debbono tenere coloro che sono rigenerati dalla grazia di Cristo, ma anche le condizioni per essere ammessi al bagno della rigenerazione·.

XXXIX (LXVI) – Sommario della conferenza coi Donatisti, tre libri

39 Dopo la nostra conferenza coi Donatisti· feci una breve ricognizione di quanto s'era fatto e raccolsi il tutto in uno scritto, distribuendo la materia in tre parti corrispondenti ai tre giorni di confronto. A mio parere l'opera non manca di utilità in quanto permette a chiunque o di infor

marsi senza fatica sullo svolgimento del confronto o di leggere negli Atti completi al punto esatto ciò che lo interessa, ricorrendo ai numeri relativi ai singoli momenti di cuiho corredato l'opera: opere come quelle, infatti, affaticano il lettore

per l'eccessiva lunghezza·. Titolo dell'opera è: Sommario della conferenza.

XL (LXVII) – Dopo la conferenza contro i Donatisti, un libro

40 Contro i Donatisti·, e precisamente dopo il confronto avuto con i loro vescovi, ho scritto anche un libro di ampio respiro e, per quanto mi sembra, piuttosto approfondito, col preciso scopo di evitare che la loro opera di adescamento continuasse ancora. In esso, in aggiunta a quanto vi si dice per una breve informazione sui lavori della conferenza coi Donatisti, c'è la mia risposta ad alcune loro vane recriminazioni, che avevano finito per giungere alle mie orecchie e ch'essi, benché sconfitti, andavano esternando con sicumera come e dove potevano. Ho trattato molto più brevemente di questo medesimo tema in una lettera di nuovo rivolta a loro, ma poiché il suo invio fu deciso da tutti i presenti al concilio di Numidia, essa non è compresa nel mio epistolario·. L'inizio della lettera è il seguente: L'anziano Silvano, Valentino, Innocenzo, Massimino, Ottato, Agostino, Donato e tutti gli altri vescovi dal concilio di Zerta ai Donatisti.

XLI (LXVIII) – La visione di Dio, un libro

41 Ho scritto un libro su La visione di Dio. In esso rimando ad altra occasione di compiere un'indagine più approfondita sul corpo spirituale, che si formerà al momento della risurrezione dei Santi, di chiedermi cioè se e in che modo Dio, che è spirito, possa essere visto anche da un corpo siffatto·. Di questa questione, per altro assai complessa, penso di aver fornito una sufficiente soluzione nell'ultimo, vale a dire nel ventiduesimo libro de La città di Dio. Ho anche ritrovato in un codice, che contiene questo libro, un promemoria· su questo argomento da me espressamente composto per Fortunaziano, vescovo di Sicca. Nell'indice delle mie opere, però, esso non è registrato né fra i libri né fra le lettere.

XLII (LXIX) – La natura e la grazia, un libro

42 Era giunto anche allora fra le mie mani un libro di Pelagio , nel quale con ogni possibile argomento difende la natura umana contro la grazia divina che giustifica l'empio e ci fa Cristiani. Questo libro·, nel quale gli ho risposto, difendendo la grazia non contro la natura ma in quanto è la grazia a liberare e a guidare la natura stessa, l'ho intitolato: La natura e la grazia. In esso mi è occorso di difendere alcune espressioni che Pelagio attribuisce a Sisto, vescovo di Roma e martire, come se appartenessero veramente a lui. Così allora io credevo. In seguito ho letto che ne era autore il filosofo Sestio, non il cristiano Sisto.

XLIII (LXX) – La Città di Dio, ventidue libri

43.1 Nel frattempo Roma era stata distrutta dalla violenta e disastrosa irruzione dei Goti, guidati dal re Alarico. I cultori di molti e falsi dèi che siam soliti chiamare pagani, nel tentativo di imputare alla religione cristiana la distruzione della città, incominciarono con maggiore asprezza ed animosità del solito a bestemmiare il vero Dio. Ardendo di zelo per la casa di Dio decisi di scrivere dei libri su la città di Dio, per controbattere i loro errori blasfemi. L'opera mi ha tenuto occupato per alcuni anni in quanto continuavano a frapporsi molte altre indilazionabili incombenze al cui disbrigo ero tenuto a dare la precedenza·. Questa estesa opera su la Città di Dio finì col comprendere, una volta terminata, ben ventidue libri. I primi cinque libri confutano coloro secondo i quali l'umana prosperità esigerebbe come condizione necessaria il culto dei molti dèi venerati dai pagani, mentre sarebbe la proibizione di tale culto a provocare l'insorgere e il moltiplicarsi di tanti mali. I successivi cinque libri sono rivolti contro coloro secondo i quali nella vita dei mortali questi mali non sono mai mancati in passato e non mancheranno mai in futuro e, ora grandi ora piccoli, variano a seconda del tempo, del luogo e delle persone. Ritengono però che il culto di molti dèi, con i sacrifici che comporta, sia utile ai fini della vita che verrà dopo la morte. I primi dieci libri, dunque, contengono la confutazione di queste due inconsistenti dottrine contrarie alla religione cristiana.

43.2 Per evitare però l'accusa di criticare le teorie altrui senza esporre le nostre, abbiamo deputato a questo la seconda parte di quest'opera, che comprende dodici libri, benché anche nei precedenti ci sia capitato di esporre le nostre idee e di confutare nei dodici successivi quelle degli avversari. Di questi dodici libri i primi quattro trattano la nascita delle due città, quella di Dio e quella di questo mondo, i quattro successivi della loro evoluzione e del loro sviluppo, gli altri quattro, che sono anche gli ultimi, dei dovuti fini di ciascuna di esse. Tutti i ventidue libri, pertanto, pur trattando di entrambe le città, hanno mutuato il titolo dalla migliore, la Città di Dio. Nel decimo libro non avrebbe dovuto essere considerato come un fatto miracoloso che nel sacrificio di Abramo una fiamma venuta dal cielo fosse circolata fra le vittime divise: si trattava in realtà di una visione dello stesso Abramo·. Nel libro diciassettesimo si dice che Samuele non era uno dei figli di Aronne, ma si sarebbe piuttosto dovuto dire che non era figlio di un sacerdote. In realtà era più conforme alla consuetudine giuridica che i figli di sacerdoti subentrassero ai sacerdoti defunti. E fra i figli di Aronne si trova il padre di Samuele; non era però un sacerdote né era annoverato fra i figli di Aronne nel senso che fosse stato Aronne stesso a generarlo, bensì nello stesso senso in cui tutti i membri di quel popolo son detti figli di Israele·.

XLIV (LXXI) – Al prete Orosio contro i Priscillianisti, un libro

44 Nel frattempo· risposi nel modo più breve e chiaro possibile alle richieste di chiarimento rivoltemi da un prete spagnolo di nome Orosio· a proposito dei Priscillianisti e di alcune opinioni di Origene non approvate dalla fede Cattolica·. Titolo dell'opuscolo è il seguente: Ad Orosio contro i Priscillianisti e gli Origenisti. In esso alla mia risposta è premessa la richiesta di Orosio.

XLV (LXXII) – Al prete Girolamo due libri: il primo sull'origine dell'anima e il secondo su un'opinione di Giacomo

45 Ho scritto anche due libri· per il prete Girolamo residente a Betlemme·, il primo Sull'origine dell'anima umana ed il secondo Sulle parole dell'apostolo Giacomo là dove dice:Chiunque osserva tutta la legge, ma la viola in un punto, diviene reo di tutto. Contestualmente ho chiesto su entrambi i punti il suo parere. Nel primo però non ho dato una mia soluzione del problema che m'ero posto; nel secondo non ho omesso di dire come, a mio parere, la questione andasse risolta, ma ho chiesto a Girolamo se l'approvasse. Nel rispondermi ha espresso apprezzamento per la richiesta che gli avevo fatto di un parere, ma dichiarando nel contempo di non aver tempo disponibile per rispondermi. Non ho comunque voluto pubblicare questi libri finché era in vita, sperando sempre che una volta o l'altra mi fornisse la sua risposta che avrebbe potuto divenire parte integrante della pubblicazione. Dopo la sua morte ho pubblicato il primo libro e l'ho fatto per un ben preciso motivo, quello di invitare il lettore o ad evitare del tutto di chiedersi come l'anima sia data a coloro che nascono o ad accettare, in una questione così oscura, una soluzione non contraria alla fede: intendo dire non contraria a quanto la fede cattolica ha appurato con certezza sul peccato originale la cui

conseguenza è che i bambini, ove non vengano rigenerati in Cristo, sono sicuramente destinati alla dannazione·. Ho pubblicato anche il secondo per un preciso motivo, perché anche della questione che in esso è posta si conosca la mia proposta di soluzione·.

XLVI (LXXIII) – A Emerito, vescovo dei Donatisti, dopo la conferenza, un libro

46 Emerito, vescovo dei Donatisti, nel confronto che avevamo avuto con loro, aveva mostrato di sostenere con forza la loro causa. A lui, molto tempo dopo il confronto, ho dedicato un libro di indubbia utilità, che compendia con opportuna brevità gli argomenti dai quali essi sono stati vinti o si dimostra che lo sono·.

XLVII (LXXIV) – Gli atti di Pelagio, un libro

47 In quel medesimo periodo in Oriente, e più precisamente nella Siria Palestina, Pelagio fu condotto da alcuni fratelli cattolici davanti a un'assemblea episcopale. In assenza di coloro che l'avevano denunciato e che non avevano potuto presentarsi per il giorno del sinodo fu giudicato da quattordici vescovi i quali, sentendolo condannare le proposizioni contrarie alla grazia di Dio contenute nell'atto d'accusa, lo dichiararono cattolico. Quando riuscii a mettere le mani sugli atti dell'udienza scrissi un libro· su tutta la vicenda: con esso intendevo evitare che in seguito a quell'assoluzione si pensasse che i giudici avessero approvato quelle proposizioni non condannando le quali Pelagio non avrebbe potuto evitare la condanna·.

XLVIII (LXXV) – La correzione dei Donatisti, un libro

48 In quel medesimo periodo scrissi un libro su La correzione dei Donatisti, in risposta a coloro che s'opponevano a che essi subissero una sanzione in base alle leggi imperiali·.

XLIX (LXXVI) – La presenza di Dio, a Dardano, un libro

49 Ho scritto un libro Sulla presenza di Dio nel quale il mio vigile intendimento è soprattutto quello di attaccare l'eresia pelagiana, pur senza espressamente nominarla·. Ma in esso si discute con una laboriosa e sottile argomentazione anche della presenza di quella natura, che noi chiamiamo supremo e vero Iddio, nonché del suo tempio.

L (LXXVII) – La grazia di Cristo e il Peccato originale contro Pelagio e Celestio: due libri dedicati ad Albino, Piniano e Melania

50 L'eresia pelagiana, unitamente ai suoi propagatori, era stata dimostrata falsa e condannata dai vescovi della Chiesa Romana, dapprima da Innocenzo e quindi da Zosimo, con l'appoggio delle lettere dei concili d'Africa. Ho scritto allora due libri contro di loro: il primo sulla grazia di Cristo, il secondo sul peccato originale·.

Ritrattazioni – Agostino d'Ippona

LI (LXXVIII) – Atti del confronto col Vescovo donatista Emerito, un libro

51 A notevole distanza del confronto da noi avuto con gli eretici donatisti ci si presentò l'esigenza di recarci nella Mauritania Cesarea. Fu appunto in Cesarea che ci occorse di vedere Emerito, vescovo dei Donatisti, uno di quei sette che gli adepti di quella setta avevano delegato a difendere la loro causa e che in tale difesa aveva posto il massimo impegno·. Gli Atti ecclesiastici relativi, annoverati fra i miei opuscoli, fanno fede delle dispute avute fra noi due alla presenza dei vescovi della medesima provincia e della popolazione della chiesa di Cesarea, la città della quale Emerito era stato cittadino e vescovo per conto degli eretici di cui s'è detto. Non trovando Emerito come rispondermi, ascoltò ammutolito tutto quanto io riuscii a chiarire a lui e a tutti i presenti sulla sola questione dei Massimianisti.

LII (LXXIX) – Contro un discorso di parte ariana, un libro

52 Frattanto m'era capitato fra le mani un discorso anonimo di parte ariana, e in seguito alle pressanti e insistenti richieste di colui che me lo aveva fatto pervenire· preparai la mia risposta quanto più brevemente e rapidamente potei. Nel libro che ne è risultato alla mia risposta s'è premessa la lettera di cui s'è detto e s'è data altresì una numerazione progressiva ai vari punti in modo che si possano subito individuare le risposte a ciascuno di essi.

LIII (LXXX) – Le nozze e la concupiscenza, due libri a Valerio

53 Avevo sentito dire che i Pelagiani avevano scritto qualcosa a mio riguardo all'illustrissimo conte Valerio, sostenendo che nel rivendicare l'esistenza del peccato originale avevo implicitamente condannato le nozze. Mi rivolsi pertanto a lui con due libri intitolati Le nozze e la concupiscenza. In essi difendevo la bontà delle nozze nell'intento di evitare che fosse ritenuto un loro difetto la concupiscenza della carne e la legge che nelle nostre membra s'oppone alla legge della mente, mentre proprio col buon uso di quel male che è la concupiscenza i coniugi pudichi provvedono alla procreazione dei figli. A due libri si è giunti in questo modo. Il primo libro era capitato fra le mani del pelagiano Giuliano·, che lo aveva attaccato con quattro libri. Di essi qualcuno fece degli estratti che inviò al conte Valerio, il quale, a sua volta, li fece pervenire a noi. Ricevuti che li ebbi risposi con un altro libro· alle medesime accuse.

LIV (LXXXI) – Sette libri di locuzioni

54 Ho scritto sette libri su altrettanti libri della Sacra Scrittura e precisamente sui cinque libri di Mosè, sul libro di Giosuè, figlio di Nun, e sul libro dei Giudici·. In essi ho annotato, per ciascun libro, le espressioni meno usuali nella nostra lingua. Trattasi di quelle espressioni non riconoscendo le quali nel loro vero significato i lettori cercano il senso delle parole divine mentre si tratta solo di un tipo di linguaggio, e talora immaginano qualcosa che, se non è in contrasto con la verità, non risulta tuttavia corrispondere a ciò che aveva inteso dire l'autore, che appare invece più credibile si sia espresso in quel modo seguendo un determinato tipo di espressione. Molte oscurità nelle Sacre Scritture si chiariscono ove si conosca il tipo di espressione. Occorre perciò imparare a conoscere tali tipi quando il pensiero è chiaro: in tal modo nei casi in cui tale chiarezza non c'è, quella stessa conoscenza può aiutarci a rivelare al lettore, teso nella ricerca, la sostanza del pensiero·. Il titolo di quest'opera è: Locuzioni tratte dalla Genesi, nonché da altri singoli libri. Nel primo libro ho dapprima riportato le seguenti parole della Scrittura: E Noè diede attuazione a tutte le parole con le quali il Signore gli aveva dato i suoi ordini, così fece. Quindi ho detto che questo tipo di espressione è quello che ritroviamo nel racconto della creazione laddove, subito dopo le parole: E così fu fatto, si legge: E Dio fece. Ora non mi sembra che ci sia somiglianza fra le

due sequenze: nel primo caso anche il senso rimane oscuro·, nel secondo è solo un fatto di espressione.

LV (LXXXII) – Sette libri di questioni

55.1 Nel medesimo periodo ho scritto anche Sette libri di questioni sugli stessi sette Libri sacri·, e li ho voluti intitolare in questo modo per un preciso motivo: le questioni che vi si discutono sono più presentate come oggetto di ulteriore indagine che date per discusse e risolte, anche se in numero notevolmente più elevato mi sembrano quelle trattate in modo tale da poter essere presentate non a torto come risolte e chiarite. Avevo già incominciato a considerare allo stesso modo anche i Libri dei Re, ma ero di poco progredito in questo lavoro quando dovetti volgermi ad altri, più urgenti impegni. Nel primo libro ho trattato delle verghe striate che Giacobbe poneva nell'acqua, perché le vedessero le pecore che vi si trovavano a bere al momento del concepimento e partorissero in tal modo agnelli striati.

Non ho però ben spiegato il motivo per il quale non poneva più le verghe dinanzi a quelle che concepivano per la seconda volta, quando cioè concepivano nuovi agnelli, ma lo faceva solo al momento del primo concepimento. Ed in effetti l'esauriente analisi di un'altra questione, che verte sul significato delle parole rivolte da Giacobbe al suocero: Hai frodato il mio compenso di dieci agnelle·, dimostra che la prima non è stata risolta a dovere.

55.2 Lo stesso vale per il passo del terzo libro dove

si tratta del Sommo Sacerdote. Ci si chiede come potesse avere dei figli dal momento che era tenuto ad entrare due volte al giorno nel Santo dei Santi, là dove c'era l'altare dell'incenso, per offrire appunto l'incenso mattina e sera·. In base alla legge non avrebbe potuto entrare in stato di impurità e la stessa legge considera l'uomo impuro anche dopo il rapporto coniugale. Prescrive, è vero, che chi ha avuto il rapporto si lavi con acqua, ma anche se lavato lo considera impuro fino alla sera.

Avevo pertanto ritenuto logico concludere o che conservasse la continenza o che per alcuni giorni fosse sospesa l'offerta dell'incenso. Non mi ero però accorto che tale soluzione era tutt'altro che logica. Di fatto le parole della Scrittura: Sarà impuro fino a serapossono essere interpretate anche diversamente: possiamo infatti intendere che il Sommo Sacerdote non fosse impuro durante la sera, ma solo fino alla sera e che potesse pertanto nelle ore della sera offrire l'incenso in condizione di purità essendosi unito alla moglie per generare figli dopo l'offerta del mattino. Mi ero anche chiesto come potesse essere proibito al Sommo Sacerdote di accostarsi al cadavere del padre dal momento che il figlio, uno solo essendo il sacerdote, non conveniva divenisse lui stesso sacerdote se non dopo la morte del sacerdote suo padre. Ne avevo concluso che subito dopo la morte del padre e prima della sua sepoltura si dovesse provvedere a che il figlio succedesse al padre per consentire la continuazione dell'offerta dell'incenso che doveva avvenire due volte al giorno: è a questo sacerdote che era vietato di avvicinarsi al cadavere del padre non ancora sepolto· Non avevo però sufficientemente osservato che questa prescrizione avrebbe potuto valere soprattutto per i futuri Sommi Sacerdoti non succedenti a padri insigniti di quella dignità, ma pur tuttavia scelti tra i figli, cioè tra i discendenti di Aronne. Ciò poteva avvenire nel caso che il Sommo Sacerdote non avesse figli o ne avesse di così malvagi che nessuno potessedegnamente succedere al padre. È quanto accadde a Samuele che successe al Sommo Sacerdote Eli, pur non essendo figlio di un sacerdote, ma facendo però parte dei figli, cioè dei discendenti di Aronne·.

55.3 Ho dato inoltre quasi per certo che il ladrone cui fu detto: Oggi sarai con me in paradiso, non fosse stato visibilmente battezzato. La cosa invece è incerta e c'è piuttosto da ritenere che battezzato lo fosse, come ho discusso altrove.È vero ciò che ho detto nel quinto libro, che cioè laddove nelle genealogie dei Vangeli sono citate le madri il loro nome è sempre fatto congiuntamente a quello dei padri. L'osservazione però non riguarda il tema di cui si stava trattando. Vi si trattava invece di coloro che sposavano le mogli dei fratelli o dei parenti, di quelli almeno che erano morti senza figli, traendo lo spunto dai due padri di Giuseppe, il primo dei quali è ricordato da Matteo e il secondo da Luca. Di questo argomento ho trattato approfonditamente in quest'opera e più precisamente nella parte dedicata alla revisione del mio scritto Contro il manicheo Fausto.

LVI (LXXXIII) – L'anima e la sua origine, quattro libri

56 Nel medesimo periodo nella Mauritania Cesarea un certo Vincenzo Vittore· aveva trovato in casa di un prete spagnolo di nome Pietro un mio scritto di qualche ampiezza·. Ivi, trattando in un passo dell'origine dell'anima di ogni singolo uomo, ammettevo di non sapere se le anime si propaghino a partire da quella del primo uomo e, successivamente, da quelle dei genitori o se a ciascuno venga data la sua senza alcun processo di riproduzione come avvenne per la prima ammettevo però di sapere che l'anima non è materiale, ma spirituale. Contro le mie affermazioni Vincenzo Vittore scrisse due libri rivolti allo stesso Pietro, libri che il monaco Renato provvide ad inviarmi da Cesarea. Dopo averli letti impiegai quattro libri per la risposta, rivolgendomi con il primo al monaco Renato, col secondo al prete Pietro e con i due restanti allo stesso Vittore. Quello destinato a Pietro, pur raggiungendo l'ampiezza di un libro, è in realtà una lettera, ma non ho voluto che andasse separato dagli altri tre. In tutti questi libri, che trattano questioni non eludibili, ho difeso, a proposito dell'origine delle anime, la mia esitazione ad ammettere che vengano date singolarmente a ciascun uomo e ho messo in evidenza i molti errori e le molte storture della presunzione del mio avversario. Ho però trattato quel giovane con tutta la possibile delicatezza, non come

persona da detestare senza appello, ma piuttosto da istruire e ne ho ricevuta una risposta scritta con la quale corregge i suoi errori.

LVII (LXXXIV) – I connubi adulterini a Pollenzio, due libri

57 Ho scritto due libri su I connubi adulterini attenendomi il più possibile alle Scritture e nell'intento di risolvere una difficilissima questione·. Non so se sia riuscito a farlo in modo veramente perspicuo, avverto anzi di essere ben lontano dall'aver raggiunto la perfezione, pur avendo sciolto molti nodi. Un giudizio al riguardo potrà comunque darlo chi sarà in grado di leggere e di comprendere il mio scritto.

LVIII (LXXXV) – Contro un avversario della Legge e dei Profeti, due libri

58 Nel frattempo avvenne che in una piazza di Cartagine posta in riva al mare si tenesse una pubblica lettura con larghissima affluenza di un pubblico molto attento e interessato. Ad interessare l'uditorio era il libro di un eretico, o seguace di Marcione o comunque annoverabile fra coloro il cui errore consiste nel ritenere che non sia stato Dio a creare il mondo e secondo i quali il Dio della Legge trasmessa per tramite di Mosè e dei Profeti che si rifanno a quella Legge non sarebbe il vero Dio, bensì un demone fra i più malvagi·. Alcuni fratelli di intensa fede cristiana riuscirono a porvi sopra le mani e me lo inviarono senza indugio perché lo confutassi, rivolgendomi un pressante invito perché non dilazionassi la mia risposta. Ho articolato la mia confutazione in due libri ai quali ho premesso come titolo: Contro un avversario della Legge e dei Profeti. Il codice che mi era stato inviato non recava infatti il nome dell'autore.

LIX (LXXXVI) – Contro Gaudenzio, vescovo dei Donatisti, due libri

59 Nel medesimo periodo Dulcizio, tribuno e notaio, si trovava qui in Africa in qualità di esecutore delle disposizioni imperiali contro i Donatisti. Questi aveva inviato una lettera a Gaudenzio di Thamugadi, vescovo dei Donatisti, uno dei sette che gli adepti della setta avevano scelto quali difensori della loro causa nel confronto avuto con noi: in essa lo invitava all'unità coi cattolici e lo dissuadeva dall'appiccare l'incendio col quale minacciava di distruggere sé e i suoi con la chiesa nella quale si trovava·; aggiungeva inoltre che, se si ritenevano giusti, si dessero alla fuga secondo il precetto di Cristo Signore, piuttosto che lasciarsi bruciare da fiamme sacrileghe·. Quello rispose con due lettere, una breve, imposta, a suo dire, dalla fretta del latore, l'altra più ampia con la quale sembrava voler fornire una risposta più completa e approfondita. Il tribuno più sopra ricordato ritenne di dovermele inviare perché fossi preferibilmente io a fornirne la confutazione, ed io lo feci per entrambe con un unico libro. Quest'ultimo giunse nelle mani di Gaudenzio il quale mi espose per iscritto quanto a lui parve opportuno senza fornirmi, nel modo più assoluto, una risposta, ma dichiarando piuttosto di non aver potuto né rispondermi né tacere. Benché ciò risulti abbastanza chiaro a chi legga con intelligenza e confronti le sue parole con le mie·, non ho voluto rinunciare a dare

una mia risposta scritta, quale che essa sia stata. Ne è derivato che entrambi i miei libri risultano rivolti a lui.

LX (LXXXVII) – Contro la menzogna, un libro

60 Scrissi allora anche un libro Contro la menzogna. L'occasione mi fu offerta dallo stratagemma escogitato da alcuni cattolici che, per scovare gli eretici Priscillianisti, che ritengono di dover tenere nascosta la loro eresia non solo negando e mentendo, ma anche spergiurando, si erano fatti un dovere di fingersi essi stessi Priscillianisti per penetrare nei loro misteri·. Scrissi questo libro nell'intento di proibire tale comportamento.

LXI (LXXXVIII) – Contro due lettere dei Pelagiani, quattro libri

61 Seguono quattro miei libri che hanno come bersaglio due lettere dei Pelagiani· e come destinatario Bonifacio, Vescovo della Chiesa di Roma. Le due lettere erano giunte nelle sue mani ed egli me le aveva inviate in quanto in esse il mio nome veniva tratto in causa in modo calunnioso.

LXII (LXXXIX) – Contro Giuliano, sei libri

62 Nel frattempo mi capitarono fra le mani i quattro libri del pelagiano Giuliano dei quali ho già fatto menzione. In essi individuai le parti che aveva stralciato colui che le aveva inviate al conte Valerio, ma dovetti anche constatare che il testo scritto per il conte non corrispondeva in tutto a quanto Giuliano aveva detto e presentava in alcune parti notevoli rimaneggiamenti. Scrissi allora sei libri per confutarli tutti e quattro. I primi due però, partendo dalla testimonianza dei Santi che, dopo gli Apostoli, difesero la fede cattolica, hanno come bersaglio l'impudenza di Giuliano: costui era giunto al punto di imputarci la taccia di manicheismo per aver fatto risalire ad Adamo il peccato originale, che viene cancellato dalbagno della rigenerazione non solo negli adulti, ma anche nei bambini. Quanto per converso proprio Giuliano con alcune sue espressioni assecondi i Manichei l'ho messo in evidenza nella seconda parte del primo libro. I rimanenti quattro libri corrispondono, rispettivamente, a ciascuno dei quattro scritti da Giuliano. Nel quinto libro di quest'opera così ampia e così laboriosa ho dato per certo, per una caduta di memoria, il nome del protagonista di un episodio la cui identificazione è tutt'altro che sicura. Trattasi del caso di quel marito deforme che, per evitare che sua moglie generasse dei figli deformi, soleva mostrarle durante il rapporto coniugale una bella pittura.

Sorano, autore di opere mediche, attribuiva tale consuetudine a un re di Cipro, ma senza farne espressamente il nome.

LXIII (XC) – La fede, la speranza e la carità, a Lorenzo, un libro

63 Ho scritto anche un libro sulla fede, la speranza e la carità su richiesta del dedicatario il quale desiderava avere un mio opuscolo di dimensioni tali – i Greci lo chiamanomanuale – da non potergli sfuggire di mano. In esso ritengo di esser riuscito a compendiare con sufficiente accuratezza le modalità del culto dovuto a Dio, quel culto che la Sacra Scrittura definisce sempre come vera sapienza dell'uomo.

LXIV (XCI) – La cura dovuta ai morti, al Vescovo Paolino, un libro

64 Ho scritto un libro Sulla cura dovuta ai morti, per rispondere ad una lettera nella quale mi si chiedeva se giovi a ciascuno dopo la morte che il suo corpo sia sepolto laddove si onora la memoria di qualche santo·.

LXV (XCII) – Le otto questioni di Dulcizio, un libro

65 Il libro da me intitolato: Le otto questioni di Dulcizio· non dovrebbe essere ricordato in quest'opera fra i miei libri. In effetti risulta costituito dall'unione di materiali che si trovavano in altri miei precedenti scritti·, fatta eccezione per l'inserimento di qualche tratto di discussione e per la risposta ad una delle questioni poste, che non risulta mutuata da qualche mio scritto, ma che ho fornito così come mi si era presentata sul momento·.

LXVI (XCIII) – La grazia e il libero arbitrio, a Valentino e ai monaci che si trovano con lui, un libro

66 Per rispondere a coloro che ritengono la difesa della grazia di Dio incompatibile col libero arbitrio e difendono perciò il libero arbitrio al punto di negare la grazia che, a loro parere, ci sarebbe concessa in conseguenza dei nostri meriti ho scritto un libro intitolato: La grazia e il libero arbitrio. L'ho scritto per quei monaci di Adrumeto, nel cui monastero si era incominciato a discutere della questione, tanto che alcuni si erano visti costretti a chiedere il mio parere.

LXVII (XCIV) – Il castigo e la grazia, a quelli di cui sopra, un libro

67 Ai medesimi monaci scrissi un altro libro e lo intitolai: Il castigo e la grazia. Mi era stato riferito che uno di quei monaci sosteneva che non si dovrebbe punire chi non obbedisce ai comandamenti di Dio, ma solo pregare per lui perché lo faccia.

Epilogo

Al momento della presente ritrattazione sono riuscito ad appurare di aver dettato queste novantatré opere per complessivi duecentotrentadue libri, senza sapere se ne avrei scritti ancora degli altri. Ho pubblicato la loro ritrattazione in due libri, per sollecitazione dei fratelli e prima di passare a quella delle lettere e dei discorsi al popolo, dei quali alcuni da me dettati, altri solo pronunciati.

Indice

CERCA LE ALTRE OPERE DI SANT'AGOSTINO SU

LIMOVIA.NET

GRAZIE!

LIMOVIA.NET

www.ingramcontent.com/pod-product-compliance
Lightning Source LLC
LaVergne TN
LVHW051626080426
835511LV00016B/2198

9781783362325